Guidebook
for Social
Skills
Training

対人スキルズ・トレーニング

対人関係の技能促進修練ガイドブック

福井康之【著】
FUKUI Yasuyuki

ナカニシヤ出版

まえがき
他者との出会いのための Social Skills Training

　対人関係は他者との出会いである。そして，その基本的出発点は，2人の人間の目の出会いから始まる。目の出会いは，相互に素早く一瞥をちらっと交わし合うことである。この一瞥の意味を両者がどう理解するかによって，その後の人間関係の在り方が決定される。まなざしは他者とのコミュニケーションを開始する意思の表現だとジンメルはいう。一方，サルトルは，まなざしの一瞥は片方が他方を支配する無言の闘争であるという。この違いは，状況の把握の違いと考えられる。この状況の把握の相違はどこからくるのだろうか。

　凝視という行為には二種の意味があり，まず，最初の段階の意味は「凝視は攻撃のサイン」だということである。まなざしは攻撃のサインだという一般論から，視線を向けられると自己への攻撃が直ちに開始され，自己の弱点が暴き出されると警戒する。まなざしを送っている人物がどういう人なのかと判断する他の情報を検索する対人コミュニケーションの次のステップへ進むことを考えずに，視線が合うと逃げ出してしまう。対人関係を持つことを最初の段階からブロックしているのだから，人と関係を深める気は毛頭ないと態度で示していることになる。自分がそのような態度を示していながら，そのことに気がつかず，人と親しくなりたい，友人ができないと嘆いていることになる。

　凝視の次の段階での意味は「親愛の伝達」である。その段階へ達するために，前段階の作業がある。それは「わたし」が今送っている凝視は，攻撃のサインでないということを，相互に伝えることにある。一瞥したときお互いがそのまま凝視し続けたなら，それは双方で闘争することの確認になる。視線が合えば，目を伏せて視線を逸らすのである。それで，とりあえず，今後攻撃する関係ではないことが，相互に確認されたことになる。さらに関係を深めたければ，ほほ笑みながら相手を見る。相手もほほ笑み返してくると，次は挨拶行動をする。そして声をかける。用件を言う。会話中の視線行動は，話すときは相手の目を見ないで話し，話の途中で相手の反応を見るために，相手の目をときどき見て確認する。

　聞き手は相手が話をしている間じっと相手の目を見ている。話に関心がなくなれば，目を逸らす。相互に話が合い，意見が一致したら，お互いに見つめ合ってうなづき合う。ここまできてやっと凝視は親愛を伝えるまなざしとなるのである。だれとも親しい関係を持とうと願うのでなく，必要ならいつでも親密な関係を相互に作り上げていく出発点となる関係を維持しておけばよいのであって，視線が合えばニッコリしておけばよいのである。

　対人関係がうまくいかないと嘆いている人は，この視線の作法を知らないようで，逃げ出してばかりいるので，自ら学習する機会がなかったのだろう。そのような人のために，日常の対人技法を学ぶ social skills training というものがあるのである。そのような人から「目が合ったときには，目をどうやればよいのですか」とたずねられる。また，沈黙が苦しい，雑談が苦手だという。そのためにどう工夫すればよいか，どう対処するかと聞かれる。これは訓練して身につけるしかない。視線が合って，挨拶をするところまでは non-verbal communication であるが，次の対話へと進むと，どのように言葉を交わすかということになる。

　会話がうまくできないという人は，話さなければならないと思うからである。話すより，まず，相手に敬意を払って聞くことなのだ。分からないことはたずねる。そうすれば，話は自然と進行していく。対人関係がぎこちないと思っている人は，強迫的な人が多いので，失敗なしで完全にやりたいと願い，しかもやり方がワンパターンで，臨機応変にできないという二重の困難がある。しかしながら，やはり誰であろうと何度も練習するしかないのである。

目　次

まえがき──他者との出会いのための Social Skills Training　　*i*

実習テキスト篇

- §1　他己紹介──他人を自己が紹介する ………………………………………… 3
- §2　信頼のゲーム（Trust Game） ………………………………………………… 4
- §3　2人で絵を描く ………………………………………………………………… 8
- §4　「的あて」ゲーム ……………………………………………………………… 10
- §5　表情の識別の訓練 ……………………………………………………………… 17
- §6　背 文 字 ………………………………………………………………………… 21
- §7　絵による伝達リレー・ゲーム ………………………………………………… 25
- §8　名曲の感情 ……………………………………………………………………… 28
- §9　詩歌によるイメージ・トレーニング ………………………………………… 33
- §10　Body Work──からだを使ってイメージを共有する …………………… 36
- §11　シナジー（協力相乗作用）ゲーム ………………………………………… 42
- §12　ノンバーバル・コミュニケーション・ゲーム …………………………… 44

解　説　篇

- §1　対人関係の技能促進のための訓練 …………………………………………… 53
  - 対人関係の技能習熟の機会　　53
  - 対人関係の技能促進訓練プログラムの開発　　53
  - Social Skills Training（対人スキルズ訓練）の登場　　54
  - 人格成熟促進プログラムとSSTの統合　　55
- §2　対人関係技能促進訓練（SST）の実際 ……………………………………… 56
  - 授業として実施したSST　　56
  - SSTの実際　　57
  - 授業前に配布したプログラム（授業シラバス）の一覧　　58
- §3　対人関係技能促進訓練（SST）の効果測定 ………………………………… 62
  - 質問紙による効果測定　　62
  - SST効果測定調査票（110項目の質問紙）の作成と効果測定　　63
  - SSTS質問紙（30項目の質問紙）による効果測定　　63
- §4　対人関係促進技能習得実習実施一覧 ………………………………………… 67
  - 大学の授業として実施したもの　　67
  - 大学公開講座として社会人対象に実施したもの　　71
  - 医学部附属病院看護部リーダー研修として実施したもの　　71
  - 県教育センター主催の現職教員研修として実施したもの　　72
- §5　SSTの実習課題の解説と出典一覧 …………………………………………… 74
  - コミュニケーション訓練　　74
  - 非言語コミュニケーション　　74
  - 価値選択と自己覚知　　75

　　　　他者認知と共通感覚　　76
　　　　課題解決　　76
　　　　集団討議（コンセンサス・ゲームを含む）　　77
　　　　アイス・ブレイキング　　77
　　　　Ending Rite ―別れの儀式　　78

あとがき　　81

対人スキルズ・トレーニング

――対人関係の技能促進修練ガイドブック――
Guidebook for Social Skills Training

実習テキスト 篇

- §1　他己紹介
- §2　信頼のゲーム
- §3　2人で絵を描く
- §4　「的あて」ゲーム
- §5　表情の識別の訓練
- §6　背文字
- §7　絵による伝達リレー・ゲーム
- §8　名曲の感情
- §9　詩歌によるイメージ・トレーニング
- §10　Body Work
　　　　―からだを使ってイメージを共有する
- §11　シナジー(協力相乗作用)ゲーム
- §12　ノンバーバル・コミュニケーション・ゲーム

§1

他己紹介——他人を自己が紹介する

(1) ペアを決めて，隣同士座る（トランプ・カードなどでペアを決める。知っている同士になったなら申し出て他のペアと入れ替わる）。
(2) 紹介してもらう人（A）と紹介する人（B）を決める。
(3) AとBは下記の基本となるスキル①～⑪の流れに沿って会話をする。
　BはAを会話が終わったあとからペアごとに順に全員に30秒程度で的確に紹介する。そのための情報を得ることが，この会話の目的である。
　AはBへ全員に自分を紹介してもらいたいことを述べる。
　BはAが話していることに耳を傾けて聴く。分からないことはたずねるが，B自身の興味から質問しない。
　質問はAが話しやすくなるために（会話の促進）のみすること。
　聞いたことはメモしない（記憶力のテストではないので覚えていたことだけで紹介すればよい）。
(4) Bは座っているAの後に立って，聞いた情報からBを紹介する。全員によく聞こえるように，Aが満足できるように紹介する。BはここでAが言ったこと以外の情報を紹介してはならない。
　インストラクターはストップウオッチで測り，あと10秒と知らせる。30秒以上にならないよう。また，あまり短くて20秒以下ならもう少し時間があると伝える。
(5) Aは紹介してくれたBに礼を言い，間違いがあれば訂正する。
(6) 全員への紹介が終われば，AとBを交替し(3)～(5)を繰り返す。

基本となるスキル
①あいさつする
②会話を始める
③きく（聞く・聴く）
④会話を続ける
⑤質問する
⑥納得する
⑦お礼を言う
⑧謝る
⑨自己紹介する
⑩敬意を表す
⑪終わりのサインを送る
⑫他人を紹介する

参　考　若者のための社会的スキル

1．**初歩的なスキル**：①聞く，②会話を始める，③会話を続ける，④質問をする，⑤お礼を言う，⑥自己紹介をする，⑦他人を紹介する，⑧敬意を表す
2．**高度のスキル**：①助けを求める，②参加する，③指示を与える，④指示に従う，⑤謝る，⑥納得させる
3．**感情処理のスキル**：①自分の感情を知る，②感情を表現する，③他人の感情を理解する，④他人の怒りを処理する，⑤愛情表現，⑥恐れを処理する，⑦自分をほめる
4．**攻撃に代わるスキル**：①許可を求める，②分かち合う，③他人を助ける，④和解する，⑤自己コントロール，⑥権利を主張する，⑦いじめを処理する，⑧他人とのトラブルを処理する，⑨ファイトを保つ
5．**ストレスを処理するスキル**：①不平を述べる，②苦情に応える，③スポーツマンシップ，④当惑を処理する，⑤無視されたことの処理，⑥友人のために主張する，⑦説得に対応する，⑧失敗を処理する，⑨矛盾したメッセージを処理する，⑩非難を処理する，⑪難しい会話に応じる，⑫集団の圧力に対応する
6．**計画のスキル**：①何をするか決める，②問題がどこにあるか決める，③目標を設定する，④自分の能力を知る，⑤情報を集める，⑥問題を重要な順に並べる，⑦決定を下す，⑧仕事に集中する

Goldstein, A. P. et al.　(1980)　*Skill Training Approach to Teaching Prosocial Skills.* Research Press.（菊地章夫・堀毛一也編『社会的スキルの心理学』川島書店　1994）から部分修正引用

信頼のゲーム（Trust Game）

目　的

　人間関係の基本である信頼感とはどういうものなのだろうか，信頼関係はどのようにしてできてくるのだろうか，経験を通じて，あらためて考えてみるためのゲームである。

実施方法

1．Trust Fall（信頼の後ろ倒れ）

　1人が後ろへ倒れ，もう1人が倒れてくる相手の背を後ろで支えるという，だれもが一度はやったことのある遊びを材料にする。
　2人ずつペアになって，倒れるのを支えるのに，他のペアと身体が触れ合わない程度の十分な間隔を取って，インストラクターの指示に従って一斉に実施する。倒れても怪我をしないように，じゅうたんを敷いた床や畳の間が望ましい。ペアの組み合わせで，身長や体重に差が大きいペアがあれば，さりげなく組み合わせを変えて調整する。

手続き

　2人交替でやるが，どちらが先に倒れる役をやるか，2人で相談して決めるように言う。
　「後ろ向きに倒れる相手を，両手で支える。気をつけてやること」という以外に，最初は指示しない。「交替してやる」「続けて2, 3回繰り返す」と適宜指示して，頃合いを見計らってストップを掛け，全員一斉にやめさせる。

2．Trust Walk（信頼の歩み）

　Trust Fall の後，引き続きペアを組み替えて実施する。あらかじめペアで打ち合わせをしないようにと注意しておき，ペアを決める前にやり方を説明する。

手続き

(1) インストラクション：目の不自由な人を安全に誘導してコースを一巡して帰ってくる。コースを一巡している間，2人とも言葉を交わさない（無言）で，2人で一緒に歩く。言葉以外で意思を伝える方法を工夫して，目の不自由な人の役割の人が安心して歩けるよう配慮する。あらかじめ合図を決めたりしないこと。競争ではないので，早く帰る必要はない。自分たちのペースで，つまずいたり，ぶつかったり，転んだりしないよう，安全第一で誘導すること。もし途中で恐くなったときは目を開けてもよい。できるだけ最後まで目を開けないで一巡してくることが望ましい。
　ペアが決まったら，どちらが目の不自由な人の役割を先にやるかだけを決め，すぐに出発する。一巡したら話をしないで，役割を交替して同じコースではなく，2周目の指定コースを一巡するため，ただちに出発すること。2周目を終えたらペアはお互いの経験について話し合い，気づいたことを分かち合いするように言っておく。

(2) **コースの設定と説明**：1周目と2周目のコースは別にする。1周目に誘導した人が2周目に目の不自由な人の役割で同じコースを回るのは新しい経験にならない。会場の都合で部分的に同じルートが重なるのはやむを得ない。広い体育館内でコースを設定するより，長い直線距離の廊下や階段の昇り・降りがあるコースの設定がよい。一巡するのに10分程度がよい。目を閉じて歩くと結構な距離感があるので，あまり緊張を強いない方がよい。

　コースの説明はホワイトボードなどに道順を書いて指示した方がよい。実際に実施するときは先頭に案内役をつける。階段など危険な場所は見張りを置く。インストラクターは，後でフィードバックするため，途中の様子を観察したり，話をすれば注意するため見回る。

Trust Fall のふりかえり

　インストラクターの方へ向くよう指示し，次の質問を投げかける。

　「あらかじめ打ち合わせてやったか」「倒れるとき声を掛け合ったか」「始めるとき最初は肩に手を添えて倒れる予行練習をしたか」「振り向いて確かめて倒れたか」「倒れる角度をだんだん深くしていくよう工夫したか」「どのようにして欲しいか相手に注文したか」と皆に向かって問いかけ，「倒れるときの気持ちはどうだったか」と2, 3の組にたずねる。

　「不安だった」「恐かった」とたいていの人が言う。「話し合ってはいけないと思った」「信頼のゲームなので，相手を信頼しているか自分を試そうと倒れた」とかゲームの趣旨を勝手に思い込んでお互いに相談しないで一人合点の者もいる。一方が支える準備のないまま，いきなり倒れてあわてて支えた組や，支えきれずに倒れてしまった者もあったりする。「倒れてきたら誰でも放っておけずに支えるものだという基本的な信頼感は人間として持っているということはこのゲームで確認することの一つであるが，しかし，現実に行為するときはそれだけでは危険が伴い，相互の了解が必要だ，そうでないと安心して倒れられない」ということを説明する。

　説明を聞いて，多くは納得するようである。そこで，次に安心して倒れることができるように，お互いに考えてもう一度やるよう，交替で2, 3回試みるよう指示して，実施する。

　信頼とは一方的に信じるのではなく，安心できるように，相互のコミュニケーションが必要で，自分と相手との違いや共通点を理解し，相手の要望に応じて援助することの大切さを，経験を通じて学べる。

Trust Walk のふりかえり

　交替して2周目を終わった組が，会場の出発した地点へ順次戻って来たら，お互いにどんな感じがしたか，やったことから気づいたことがあるかを2人で隣り合って座って話し合うように指示して，全員が戻るまで待つ。全員が戻ったかを確認して，コースの最後の組の話し合いの様子を見て，ペアで隣り合って全員で輪になるか，話し合えるような設定で経験の分かち合いをする。

　感想を求めると，たいていの人は目が見えない人の大変さを訴える。気づいたことを自発的に次々と発表してくれるといいが，そうでないと，適宜ペアを順に指名して，どのようなやり方で誘導したか立ち上がって示してもらい，そうした理由や工夫したことを発表してもらい，下記のコメントのポイントの事項に応じて，発言を取り上げ，質問をしたりして，解説する。できるだけ自分たちが気づくように，また，経験の分かち合いができるような話し合いになるよう促進する。時間がないときは，コメントを質問の形で投げかけ，気づきを促進する。

コメント
(1) 目を閉じて歩く場合は，明暗が分かるし，距離感もつかめず，見えない不安感は大きい

ので，実際に目の不自由な人の誘導とは異なる。不自由な人の誘導の仕方に従った肩に手を置いて誘導するだけでなく，相手の様子を見て，安心できるよう誘導したか。

（2）後ろから押したり，前で引っ張ったりしなかったか。横並びが安全である。

（3）目を閉じた人の歩調に合わせたか。目を閉じた人の要求に応じたか。人によって不安感を解消する行動の仕方は異なる。当初は手摺りや壁を触る方がよい人と最初から誘導した人に任せて寄り添う人がある。相手が感じることは自分が感じるのとは必ずしも一致しない。

（4）途中で誘導の仕方を変えたか。一定のやり方があるわけではないので，経験を通じて，試行錯誤によって2人にとって最も安心できる方法を模索する。いろいろ試みて相手が身を任せてスムーズに歩けるようにする。目を閉じた人もどれがよいか伝えたか。

（5）目を閉じた人が途中で目をあけたり，思わず声を出したりしなかったか。誘導していた人もつい声を出したりしなかったか。それは誘導の仕方が不十分で安心できなかったということで，2人の間に信頼関係を築くノンバーバル・コミュニケーションが相互に不十分だった証拠である。遠慮していては必要な関係が成立しない。あえて言葉を使うことを禁じたルールでやるのは，日常での人間関係の形成に，言語を使用することの重要性を再認識するためである。

（6）2度目の誘導のときは，自分が誘導されたときの経験を活用したか。同じようにしたという者が多くいるが，こうして欲しかったということはあったはずで，無難にという安易な態度ではなく，関係を深める積極性が欲しい。

（7）横に並んで腕を廻して肩を抱いたり，手を握って，身体をできるだけくっつけ，接触面が多いほど身体による方向が伝わりやすい。足を持ち上げたり，手を引っ張ったりするより，握っている手の力加減でかなり伝わる。2人が一体となってリズミカルに歩けるようになるとよい。

（8）コースの最後の方になると，自然と歩調が合って，呼吸まで一致したリズミカルな動きで，楽しく歩いているペアが現れる。心が通えば身体の動きも一致してくる。

（9）どう誘導するかという望ましい誘導の仕方を覚えることが目的ではない。2人がスムーズに歩けるために，歩きながら信頼関係を築いていくことに目的がある。どう誘導したかということより，どれだけ安心して気持ちよく2人で歩けたか。そのために2人でどのように配慮し，どう感じ合ったかを実感し合えたらよいというのがコメントの肝要点である。

（10）「信頼関係」はともに居合わせて，対等な立場で尊重し合い，相手を思いやり，大切にしている気持ちが伝わる配慮によって形成されるものだということが，理屈でなく，経験を通じて覚ることが，この実習の目的である。

留意点

身体の不自由な人，病気や妊娠中の人など，転ぶと困る人はあらかじめ本人と相談して参加しないよう配慮する。

中学生や高校生に実施するときは，面白半分に相手を困らせたりする（わざと倒れさせたり，手を引っ張って走りだしたりする）者がいるので，始める前にあらかじめ，真面目にやるよう，怪我をさせないように注意しておくことも必要になる。

　前もって運動できるような軽装や靴を用意するように指示できるとよい。特に女子には歩きにくいスカートやハイヒールをはいてこないよう勧めるべきである。

　Trust Walk を始める前に，ウォーミングアップとして，目を閉じて歩く不安を体験しておくことは有効なので，全員で部屋の中を目を閉じて歩いてみるのもよい。

参　　考

　部屋の中や庭などで長く歩くかわりに，目を閉じた人を連れていって，危険のないものに触らせて何であるかと当てさせたり，同じように連れていって，耳をちょっと引っ張ってシャッターに見立て，瞬間だけ目を開けて記憶して，戻ってその画像を描いたりするやり方の human camera というゲームとしても実施されている。

　視覚を遮蔽することで，他の感覚が鋭敏になることや，視覚の特性に気づいたり，視覚優位の生活や文化への反省など，sensory awareness（気づき）のゲームとしても活用されている。
　このゲームは，日本ではかなり古くからノンバーバル・ゲームとして導入されており，いろいろな研修会で早くから実施されていた。実際に布やタオルなどで目かくしをしていたが，むしろ，目を閉じるだけの方が，実施に安心感がもてる。

　次の著書は何度か改版されており，カウンセリングという標題になっているが，多くのゲームが掲載されており，対人関係訓練の手引書である。「信頼実習」のなかに "後ろに倒れる（falling back)"，"目かくし歩き（blind walk)" として紹介されている。

伊東　博　(1983)　ニュー・カウンセリング――"からだ"にとどく新しいタイプのカウンセリング――
　　　誠信書房

§3 2人で絵を描く

目　　的

　会話をしないで，文字も使わないで，指示やジェスチュアーなどの明らかなサインも制限して，ペアで1枚の絵を描くのが課題である。非言語的コミュニケーションを用いて意思を伝え，また，相手の意図や気持ちを察して共同作業をすることから，いろいろな気づきを得ることができる。

　2人で1枚の絵を完成させるために，どのようにして伝達する工夫をしたか，そのことがどの程度理解されたかを，絵が完成した後で話し合い，確認する。うまく伝わらないいらだちや苦痛をどのように解消し，2人で楽しく絵を完成させていくかというプロセスを味わうことが大切である。

　このプロセスでの関わり方が，その人の対人関係の関わりのスタイルだということに気づくようフィードバックする。制限時間内に2人で満足感を伴ってでき上がった完成度の高い絵を例にして解説することができる。関わりあいのステップを慎重に積み重ねていってこそ相互理解が深まるのであり，相手の気持ちを尊重し，配慮してこそ気持ちよく共同作業を達成でき，いい人間関係ができるのだということを経験を通じて学ぶ。

　この技法は，1978年夏期休暇期間中に，清里で開催された人間関係研究会主催のAuw, A.博士のワークショップに筆者が参加したときに紹介されたものである。

実施方法

材　　料
2人で1枚の画用紙（A3以上で，大きいめの方がやりやすい）。
2人で1箱のクレヨン（12色以上で，クレパスでもよい）。
不公平感のないように，参加者全員同じものを使うこと。

インストラクション
　打ち合わせなしで，2人で1枚の絵を描いてもらいます。どんな絵でもかまいません。風景画でも，抽象画でも，コミックでも，なんでも好きな絵を描いてください。ただし，2人で1枚の絵になるように仕上げてください。どんな絵ができたか，後で前に並べますが，絵の上手，下手は問いません。制限時間は20分間です。そのあいだ話をすることを禁じます。どのように描くかは2人の自由ですが，2人の周りに見えるものを写生することだけは困ります。それから鉛筆などで下書きせずに，直接クレヨンで描いてください。字を書いて知らせたり，指で輪郭を描いて知らせたりしないでください。質問はありますか。では，始めてください。

手続き
　ペアを決めて，他のペアの描いているのが見えないような配置で，ペア同士机を並べて座る。各ペアに画用紙1枚とクレヨン1箱を配り，インストラクションのとおり説明する。話をしないよう念を押し，どのように描いているか巡視する。15分経てば，「後5分です」と知らせる。1分前に「後1分ですので，仕上げをしてください」と告げる。

　20分経てば終わりを告げ，お互いに話し合うように言う。無言の作業だったので，一斉に

話し出す。声が少し静まったら，画用紙の下の座っていた側に名前をサインするよう指示する。画題を2人で考えてつけるように言うこともある。他のペアの絵が気になる様子が見られたら，前に持って来て掲示するように言う。

ペア同士隣に座って前に詰め，並べた絵を順にペアがどのような順で描いたか説明を求め，たずねながら，適宜コメントをする。このとき絵の投影法的な性格分析は避けること。あくまでも2人の関係の在り方を考えさせることが焦点である。

コメントのポイント

全体としてまとまった統合された絵になっているか，2つに画面が分割されてしまっているかで協力の程度が推察される。両方が自分の側から描き始めて，真ん中で両方をつなげようと努力している様子が見られたりする。

最初にどちらがどれから描き始めたかを聞いて，描かれた位置から関わりの仕方が分かる。右あるいは左の相手の側へ踏み込んで描き始めているときは相手のその時の気持ちを確かめる。水平線を最初画面一杯に引いた場合も同様である。真ん中へ人物や建物，樹などを大きく描き入れてしまう者，特殊な図柄を描く者，山とか海を全体に先に描き，構図を決定してしまう者などは自己主張が相手への配慮より優先しがちだと示唆できる。

相手が何を描くかを見定め，それに応じたものを描くのが常道で，花や木をを描き，山を描くと空ができ，風景画になっていくことが多く，2人で1つの絵を描くという目的に沿った常識的な選択だといえる。実施した季節が夏だと，海水浴場の風景がよく描かれ，公園や動物園，遊園地など2人で好きな所へ好きなものを描き込んでいけるような構図の選択も無難である。絵として優れたものでなくても，常識的な関わりの仕方として，慎重で，相互対等で，配慮的といった面で評価される。道や川の扱いも領域を分けているのか，つないでいるのかによって関係の在り方が推定できる。橋を架けたり，道で通路を開いたりもする。

左右の画風の違う絵ができあがったり，人物や建物の大きさがアンバランスになって困ってしまう場合がある。プロセスでお互いに相手の描いているものにあまり注意をしていない証拠で，関わりの持ち方が一方的なのであろう。自分が描きたいことを優先してしまうと，相手がそれに合わすことに苦労する。対人関係でも自分を主張し過ぎると，相手を従属的にさせ，支配されることの不満が残る。楽しく描けたかとたずねることで確かめられる。

あまり絵を描くことが得意でないと初めから相手に任せて，ほとんど描かない人がいる。絵の問題なのか，対人関係での関わりの依存性の現れなのか，普段はどうなのかたずねてみる。あまり知らない同士でも1つのことを協力して完成させることを通じて，お互いに理解し合えるようになり，仲良くなることが経験できたであろう。画中に動植物や人物がどの程度登場しているか，動きのある絵かなどで，関わりの活動性や生命力が感じられる。生き生きした関わり合いには，ユーモアーや創造性が発動して，楽しさや，喜びが生まれる。

ヴァリエーション

(1) 相手をそれぞれチェンジして繰り返す（相手が変われば絵が変わる。3回くらいが限度で，飽きる）。
(2) 制限時間を変更する（経験上20分が適切なようである）。
(3) 画中に○とか□，◎などを最初に大きく書き加え，それを活かして2人で絵を完成させる（葛藤を引き起こすためだが，クイズじみて，知的な工夫が優先して感情の交流を妨げる）。
(4) 2人で交互に描くよう指示する（依存的にならない配慮だが機械的で自由さに欠ける）。

参考資料

福井康之（1990）対人関係促進技法としての「2人で絵を画く」技法についての検討　愛媛大学教育学部紀要　第Ⅰ部　教育科学　第36巻　11-22.

「的あて」ゲーム

§4

1. 縦10，横10のマスの内に，マス目が6から15までの大きさでマス目の連なった的が1つあります。その的は縦か横同士で連なっていて，マス目の角同士だけでつながっているということはありません。
2. その的の用紙は教示者が作って持っています。的の内のマス目のすべてに，それぞれ1点か，3点か，5点の点数がつけてあります。
3. このゲームはグループメンバーが話し合って，的になっているマス目を16発ねらい撃ちして，どれだけ高い得点がとれるかグループで自主的に話し合って考えることにねらいがあります。
4. 1回4発ずつの一斉射撃を4回することができます。制限時間内ならいつでも一斉射撃ができます。制限時間内に射撃できなくて，未発射分が出た場合には1発につき1点の減点となります。また余分に発射した場合も，それが的に当たっていても得点にはならず，余分に発射した分1発につき1点の減点となります。
5. 一斉射撃をする場合は，グループの代表者が手を挙げて自分たちの選んだマス目を，皆に聞こえるように大きな声で，『に3，に4，ほ4，は3』のように教示者に知らせます。そうすると教示者はその発射で的に当たったマス目の得点の合計を発表します。もしその代表者が得点のないマス目を言っても，撃ち直しはできません。
6. グループは全発射を発表する代表者1名をあらかじめ決めておき，その代表者の発射のみが有効となります。
7. グループメンバーは自分のマス目の用紙を自由に使ってください。後で回収しませんので各自でお持ち帰りください。
8. グループメンバーは自分のグループ以外の人や教示者に質問したり，話しかけたりすることはできません。すべてのことは，この用紙に記載されています。
9. 制限時間は，この用紙が配布された時から35分間となっています。

「マ ス 目 用 紙」

	い	ろ	は	に	ほ	へ	と	ち	り	ぬ
1										
2										
3										
4										
5										
6										
7										
8										
9										
10										

目　的

　このゲームは柳原光（1976）によって紹介されたポピュラーなもので，筆者はこの種の実習を始めた当初から，プログラムの1つとして，必ずといっていいほどに採用してきた，お気に入りのお勧めのものである。

　また，このゲームは授業や研修・講習のプログラムの最初の方に実施するのがよい。インストラクション（教示）用紙を配布して「用紙に書いてあるとおり，やり方はすべてこの用紙に書いてある」といって，後は知らない顔をしている。質問があっても，「すべて用紙に書かれている」というだけで，一切応じないというやり方にわざとしてある。多くの受講者は指示されてそのとおりするという学習に慣れてしまっているので，自分で読んで，理解して，考えるという習慣ができていない。「すべて書かれている」といわれても，それでも何か説明があるのではないかと，心待ちに教示者の方を見ているが，素知らぬ顔をして，受講者全員をずーっと見渡している。受講者はしかたなくインストラクション用紙に目を通し始める。その目的は受講生の自発性，自主性の促進にある。

実施方法

設　定

　1グループが5～10人くらいが限界で，8名が望ましい。グループの数は4組か5組が適切である。少ないと競争のおもしろみが減じるし，多いと発射の受付が混乱する。8名×5組＝40名が限界で，50名越えると教示者1人では実施が困難である。

手続き

　テーブルを囲んで座れるよう組分けし，各班にＡＢＣなどの名称を付ける。できるだけ知らない者同士がグループになるように，くじ引きで決めるのもよい。

　インストラクション用紙を全員に配布した時点で，メンバーに気づかれないように，ストップウォッチかタイマーのセットをするか，腕時計の時間を記録しておく。

　下記のような得点表を作成して張り出すか，ホワイトボードに書く。

グループ名	第Ⅰ回	第Ⅱ回	第Ⅲ回	第Ⅳ回	減点	合計得点	順位

　発射を受け付けて，発射回数ごとにその都度グループの得点を得点表に記入する。

　35分経過したら，発射の途中でも終了を告げる。ふりかえりと教示者からのコメントの時間は必要である。

マス目用紙の的

　的を書いたマス目用紙はふりかえりの時点で公表する。的のマス目が少ないと得点合計が少なく面白さが減じる。マス目10個分以上がよい。5点マスは2個くらいが適切である。あまり奇妙な形の的や偏った位置の的は受講者の不評を買うことになり，士気に影響するので，合計得点が多くなるようにして盛り上げた方がよい。

「的あて」の的の例

あらかじめインストラクターの方で作成して用意する的の例を下記に示す。
縦横につながったマス目に1か3か5の数字で的を作る。的のマス目は6から15以内に収める。

	い	ろ	は	に	ほ	へ	と	ち	り	ぬ
1										
2										
3										
4										
5							1			
6							5			
7				1	1	3	1	1	3	
8					1					
9					3					
10										

ふりかえりとコメント

　受講生はインストラクション用紙を黙読して，何をすればよいのかおよそ見当のつく者や，読んでも訳の分からない者，分かるところと分からないところがある者などいろいろいる。分からない者は他のメンバーの様子をひそかに見守り，自分から行動を開始しない。何かをし始めそうな他のメンバーを見ると，そのメンバーはインストラクション用紙を理解したのかと思い，読んでもよく理解できない自分を恥じて，うつむいて分かっていないことを悟られまいとしたり，何回も読み直して理解しようと試みている。だれかが何か言ってくれればよいのにとこころ待ちにしている。他者依存的で受け身の状態である。問題解決やクリエーション（創造）には困難や行き詰まり，苦痛によるフラストレーションから脱出するための試行錯誤へと自発的にチャレンジする勇気が必要であることを，メンバーはここで経験をして学ぶことになる。

　沈黙の苦痛に耐えかね，時間制限とグループ同士の得点競争という状況設定のためのあせりから，自分の馬鹿さ加減を露呈するリスクをかけて，だれかが提案，意見，質問といったかたちで発言する。他のグループで話し始めたのを聞いて，まず，何か話さねばと気づくようだ。この実習が終わってからのふりかえり（フィードバック・セッション）や教示者のコメントのときに，この最初の発言の重要性を取り上げる。各グループに最初に発言した者がだれか，どういうふうに言ったかをたずねて，どうするのが適切かを説明する。

いきなり発言するのは相当勇気がいることで，自分が恥をかくリスクも高い。それをやった人は立派だとほめる。しかし，そんなにリスクをかけない方法として，隣にいる人に「ちょっと，このことが分からないが，どう思うか」と話しかけるのが無難であると説明する。隣にいる人に聞こえるように独り言を言ってみる手もある。メンバーの中の声を掛けやすそうで，話しそうな人を探して問いかけるのもよい。発言するときは，意見として述べると，反対されたり，批判されたりするリスクがあり，無視されるということがあれば，無言の反対や抵抗なのか，馬鹿にされているのか，仲間はずれにされているのかよく分からず，惨めになり二度と発言できなくなるピンチを招くので，最初の発言は質問とか疑問の形式で問いかけ，「教えて欲しい」という言い方がよいとコメントする。この方法は大勢のいる人前や知らない人ばかりのときのコミュニケーションのきっかけに使え，最初のコミュニケーションを始めるときの技法が学べたことを伝える。

このゲームでは，どういう具合に発射するのか，的がどういうふうになっているのか，どのマス目から撃てばよいかということのメンバーのコンセンサス（同意・了解）を得ることが最初の話し合いの内容になる。代表者を選ぶということを最初から始めることはまずない。人は疑問を解く知的関心の方が先行し，現実的な問題解決の行動はその次になるものだ。具体的に発射するマス目が決まれば，だれが発射を教示者に知らせるかという段階で代表者を選ぶことになる。代表者を選ばずに発射しているか，そのグループが代表者を選ぶ手続きをしたのか，最初の発射では教示者には分からない。

二度目以降の発射が同一人でないときはその発射が無効になるので，受け付けない。その時点で初めて代表者を選ぶ手続きが必要だと他のグループも気づくが，教示者は誰が発射したか覚えておかなければならない。筆者は最初に発射した者の名前を聞いてメモしておくだけで，代表者かとは念を押さない。それだけでも代表者を選ばなければならないと気づく。インストラクション用紙に従って自発的にやれることがねらいなのだが，この代表者の選定にはインストラクション用紙以外の情報を自発的に活用できているかの手掛かりの提供の意味がある。2～3人分かっている者ばかりで進行させているとそのうちのだれかが，代表者を決めずに勝手に発射している場合がある。代表者を決めることはメンバー全員の同意が必要だから，グループ・メンバー全員の共同作業をしていくためのコミュニケーションの技法を習得するという目的の一つを促進することになる。

各グループが発射して的に当たって得た得点の合計を掲示する「得点表」を，最初の発射までに，あらかじめ模造紙に書いて用意したものを張り出すか，ホワイトボードに「得点表」を書き出す。始まって5～10分以内に見せると，グループ・メンバーはインストラクション用紙に書かれていることを理解するための手掛かりになり，理解したことを確認する情報となる。グループが高得点を獲得するために必要な情報を自発的にどれだけ活用できたかがこの実習の目的の一つでもある。

このゲームで高得点を得るための最大の情報源は，自分のグループはもちろん，他のグループが発射したマス目とその得点の記録である。マス目用紙はそのために使用される。そのことにグループ・メンバーがなかなか気づかないことがよくある。発射して得点が得られなかったら，そのマス目は的に入っていないので，そこは撃たないようマークしておく。1点なら撃ったマス目のどれか1つが1点のマス目であとは的ではない。2点は1点のマス目の連続，3点，4点，5点とグループの得点が告げられるとその組み合わせで複数のマス目か単独のマス目の

得点かで，それを確かめる発射をするか，他のグループの発射の結果から可能性を確かめながら，およその的の位置や大きさの見当がついてくる。必要なのは的を正確に知ることでなく，5点が付いているマス目を探し当てることなのだ。6点以上の得点なら的の連続2マス以上4マスの合計であり，5点のマス目の存在する可能性もある。

　5点のマス目が見つかり次第，そのマス目を残った発射回数分集中的に撃てば高得点が得られる。1回4発5点マスを集中的に撃てば20点獲得できる。そのことに気づかないグループが多い。同じマス目を撃ってはいけないのだと勝手に固定観念に捕らわれていたりする。1度も撃たずに，他のグループの発射の情報から5点のマス目を見つけて，4回16発撃てば80点の最高得点が得られる訳で，今までに一度だけそんな凄い頭脳的なグループがあって，皆が呆然としたことがある。他のグループが発射した同じマス目を撃てば同じ得点になることにすら気づかない。これは大勢の者が知恵を出し合ったら思わぬ創造的な発想が生まれることの経験学習になる。

　ゲームに勝つには，グループ・メンバー全員が積極的に協力し，遠慮なく話し合える雰囲気を盛り上げる努力が必要である。これは相互協力の関係作り，集団への個の関わりの仕方の技法の自発的な経験学習になる。グループ・メンバーは最初の話しかけや自分が初めて発言する仕方などのコミュニケーションを始める技法の経験学習の段階から，次はメンバー全員で話せる場を作っていくコミュニケーションの技法の経験学習を自発的にやれるかにチャレンジする段階に入る。このゲームではゲームのやり方が理解できたかの確認がなされ，一緒に考えるという問題の共有が目的となる。そのためにはだれかが意見を言ったり，質問をしたら，だれかが必ず応じることが必要で，発言がなければ意見を言った人はだれか答えを言って欲しいと求め，答えやすいように質問や意見を修正する。

　当初は分かっている人同士が話し始めるが，その話にどう参加していくかは各人のやり方次第で，関わろうとする意欲があれば，何とか話せるようになるという経験ができる。それはゲームのやり方という限定された話題だからである。分かっている人は分からない様子の人や黙って聞いている人に恥をかかせないよう配慮して説明するとメンバー全員が参加できるようになる。お互いに話がよくできるよう，聞こえるように机や椅子を寄せたり，背が前かがみになり，お互いに顔を見渡しながら話すようになる。そうなるのはメンバーに話し合いや関わりのやり方の知恵を持ち合わせている者や考え出せる者がいることが必要で，このゲームではそれを促進するインストラクションや説明する人が用意されている訳ではないので，偶発的な学習になる。

　しかし，わいわいとお互いに楽しく熱心に固まって話しているグループが早くも発射しているのを見ると，自分のグループもそうした方がよいと気づくものだ。場合によって，最後まで話せず，仲間に入れず，やり方も分からず終わってしまったという者もいる。自分から関わる努力ができなかった訳だが，ふりかえりセッションでケアーする必要があり，関わりのコミュニケーションの技法の解説をした方がよい。

　得点争いという競争事態になっているので，メンバーは自然に熱中するようになり，高得点で優勝するとグループ・メンバーは皆で協力したからだと全員で喜び，負けるともう一度やりたいと悔しがる。感情の共有と一体感を味わう。しかし，これはゲームなので，現実的な評価とは関係がないと，勝っても負けても後に残らない。さらに教示者からゲームで勝敗を争うこ

とが目的ではなく，あくまでもゲームは手段であって，目的は知らない人同士での会話の始め方，人との関わり方，共同作業を全員で協力してやるためのコミュニケーション技法の自発的経験学習にあると納得するよう説明する。

　実習が終わると，グループのメンバー同士がとても親しく感じられ，仲良くなっていることに気づく。なぜか分からないが親しく感じられるのが不思議だとレポートに書かれている。全員で一致して共同作業を協力して成し遂げたという充足感が親密感を増大させた訳だが，そのためのコミュニケーションのプロセスで，知らない者同士の緊張感から解放され，問題を共有し，共通目標に全力をあげ実行した一体感のせいである。
　さらに，自発的にやって成功したという満足感と経験学習の楽しさが味わえたことは，これから後の授業や講習への大きな動機づけになる。このゲームはメンバーがまだ知らない同士であることで効果があり，今までの受動的な授業や講習への潜在的な不満から，まったく異なる学習法に出会ったカルチュアショックを体験して新鮮な驚きで期待が高まるので，プログラムの最初の方で実施するのがよい。

　教示者はゲームを始めるという合図をしないで，インストラクション用紙を配るので，開始時間が明瞭でなく，時間制限の終了時間が正確に分からず，4回の発射のタイミングを見極めることが，重要な関心事になる。グループにタイムキーパーの役割をひきうけていた者がいたかはふりかえり時の反省事項である。さらに，他のグループの発射時の得点の情報が多いほど，高得点を取る確率が大きくなるので，制限時間内ギリギリに効率よく4発発射するのがコツである。そのためには代表者が発射して教示者が記録して得点を発表するまでの間の時間の間隔を計り，他のグループの発射の間隙を縫って未発射による減点が生じないように残っている回数を確実に撃つことが必要である。状況を判断しながら，この間を取る感覚がマスターできているかどうかは social skills の一つの訓練になっている。

インストラクション用紙の改善の理由

　このゲームのインストラクション用紙は参照文献としてあげてある柳原光（1976）および，津村俊充・星野欣生（1996）に掲載されている用紙を使用してきたが，長年の使用の経験から，参加者からの指摘もあり，下記のように改善して使用できるようにした（本書掲載の「的あて」マス目用紙は改善したものである）。

　(1) マス目用紙の中に任意に作られた的のマス目のつながりの説明が「たてよこで，斜めではありません」となっていて，「斜めだけでつながることはない」と表記しないと，たてよこのみで連続してつながり，どこかの部分で斜めにつながることはないということになり，的はたてかよこかどちらかの直線のマス目の連続ということになり，鍵形やクロスしたつながりはないことになる。このことは筆者の担当した研修会で受講者の高校の数学教諭から指摘があった。

　(2) スッタフが複数いるときは，代表者が発射を知らせるスッタフ1人を限定しておいた方が混乱しなくてすむ。説明をしている人（インストラクター）を「教示者」と呼び，的が教示者のところにあることを示しておくほうがゲームのやり方や的のイメージを作りやすいので，教示者が作った用紙を教示者が手元に持っていることをはっきりと説明しておく。

　(3) ゲームの目標は高得点を競うことだが，実習そのもの目的は自主的に話し合いをすることにあることをあらかじめ説明しておき，ゲームはそのための手段であることを，ふりかえり

やコメント時に，実習の最初から知らせてあることに注意をうながし，ゲームで生じたフラストレーションの解消を促進させる。

(4) 常識的に代表者は手を挙げて教示者に知らせて，教示者が当てるというふうに進行するが，何ら知らせるサインなしに，他のグループの方を向いていきなり大声で発射した者がいた。発射の例として，1回4発，縦横連続マスの縦横の記号の組み合わせを掲げ，このゲームのルールの理解を促進させる手掛かりを多くした。

(5) マス目の記号が「A，B，C」になっていたが，発射のマス目を告げるとき，発音上識別しにくい文字（特にGとDは聞き違えて，聞き返して確かめることが多く，またマス目の中心に近く，的に含まれていたり，発射される確率が高い）ので，「い，ろ，は」の文字にした。

(6) メンバーに配布したインストラクション用紙は，後で回収しないということを，あらかじめ言っておき，自由に使ってもよいということは，メモしたりや書き込みをすることを，暗に積極的に奨励しているので，ゲームの進行に貢献する。

(7) 他のグループ・メンバーと密かに情報交換することはだれもできないし，教示者に質問できないということは，自分たちのグループだけで話し合うのだということの再確認になる。教示者を補助するスッタフがいれば，質問を受けつけないことと，グループが困っていてもヒントを与えたり，指示したりしないよう打ち合わせておくこと。

参照文献

柳原　光　(1976)　CreativeO.D.　Vol.I　（人間のための組織開発シリーズ 1）　行動科学実践研究会・プレスタイム　90-98.

津村俊充・星野欣生　(1996)　Creative Human Relations Vol.V　行動科学実践研究会・プレスタイム　201-224 & 113-134.

表情の識別の訓練

§5

目　的

　顔面表情の表出は先天的だとされている。しかし，顔面表情から表出された感情を解読する能力は後天的に学習されたものだと考えられている。表情の識別の学習のベースは乳児期の母子関係にあり，対面した母親との身体接触から，感情による身体変化と顔面表情の差異が学習される。それをベースにして発達途上で他者からの言語的感情表現により，自己および他者の表情と感情の関連がより精密化して伝達され，洗練されてくる。

　言語的コミュニケーションが向上するにつれて，表情は感情を認知する一つの手掛かりに過ぎなくなるが，感情の認知には，先行する出来事と結果の反応，すなわち文脈や表情に伴う身体の変化や動き，発せられる音声言語の聴覚的な非言語的手掛かり，背後の意味関連，居合わす他者の反応，などとの総合的判断によるが，その認知と表情との結合がより精細な表情識別の学習結果として記憶されていく。

　表情は常に状況での感情を表出する視覚的なゲシュタルト（全体的なまとまり）として認知される。それは表情解読パタンといえる。表情の解読による感情の意味の読み取りは，どれだけ多くの表情解読パタンを経験的に獲得しているかということであり，解読のための系統立った訓練によって，読み取りの能力の向上が期待できる（福井, 2000）。

実施の方法

材　料

(1) **提示スライド**：Ekman, P. & Friesen, W. V.（1976）の110枚の顔面表情を示すスライドから6種の基本感情（驚き，恐怖，嫌悪，怒り，幸福，悲しみ）を示す顔面表情写真を各10枚宛，計60枚選定しランダムに提示する。別に事前・事後テスト用6種の写真と無表情写真1枚。

　Ekman, P. & Friesen, W. V.（1975）の訳本（工藤, 1987）の「訳者あとがき」にスライドの入手先が記されているが，独自に作成するのがよいだろう。

(2) **回答用紙**：提示順に感情の種類に○印を付けるようにした「顔面表情チェックリスト」用紙（次頁参照）を各自1枚。

　事前・事後用回答用紙（訓練用のチェックリスト用紙と同様の形式で事前と事後各1〜6番まで回答できる用紙）各自1枚。

(3) 連続提示できるスライド映写機

手続き

(1) **事前テスト**：訓練の効果を各自が確認できるよう，6種の表情写真を回答は伏せて1枚ずつランダムに順に提示し，別に配布した用紙に記入する。訓練時のスライドとは別の表情のはっきりしたスライドを用意する。

顔面表情チェックリスト

提示番号	幸	悲	恐	怒	驚	嫌	提示番号	幸	悲	恐	怒	驚	嫌
1	幸福	悲み	恐怖	怒り	驚き	嫌悪	31	幸福	悲み	恐怖	怒り	驚き	嫌悪
2	幸福	悲み	恐怖	怒り	驚き	嫌悪	32	幸福	悲み	恐怖	怒り	驚き	嫌悪
3	幸福	悲み	恐怖	怒り	驚き	嫌悪	33	幸福	悲み	恐怖	怒り	驚き	嫌悪
4	幸福	悲み	恐怖	怒り	驚き	嫌悪	34	幸福	悲み	恐怖	怒り	驚き	嫌悪
5	幸福	悲み	恐怖	怒り	驚き	嫌悪	35	幸福	悲み	恐怖	怒り	驚き	嫌悪
6	幸福	悲み	恐怖	怒り	驚き	嫌悪	36	幸福	悲み	恐怖	怒り	驚き	嫌悪
7	幸福	悲み	恐怖	怒り	驚き	嫌悪	37	幸福	悲み	恐怖	怒り	驚き	嫌悪
8	幸福	悲み	恐怖	怒り	驚き	嫌悪	38	幸福	悲み	恐怖	怒り	驚き	嫌悪
9	幸福	悲み	恐怖	怒り	驚き	嫌悪	39	幸福	悲み	恐怖	怒り	驚き	嫌悪
10	幸福	悲み	恐怖	怒り	驚き	嫌悪	40	幸福	悲み	恐怖	怒り	驚き	嫌悪
11	幸福	悲み	恐怖	怒り	驚き	嫌悪	41	幸福	悲み	恐怖	怒り	驚き	嫌悪
12	幸福	悲み	恐怖	怒り	驚き	嫌悪	42	幸福	悲み	恐怖	怒り	驚き	嫌悪
13	幸福	悲み	恐怖	怒り	驚き	嫌悪	43	幸福	悲み	恐怖	怒り	驚き	嫌悪
14	幸福	悲み	恐怖	怒り	驚き	嫌悪	44	幸福	悲み	恐怖	怒り	驚き	嫌悪
15	幸福	悲み	恐怖	怒り	驚き	嫌悪	45	幸福	悲み	恐怖	怒り	驚き	嫌悪
16	幸福	悲み	恐怖	怒り	驚き	嫌悪	46	幸福	悲み	恐怖	怒り	驚き	嫌悪
17	幸福	悲み	恐怖	怒り	驚き	嫌悪	47	幸福	悲み	恐怖	怒り	驚き	嫌悪
18	幸福	悲み	恐怖	怒り	驚き	嫌悪	48	幸福	悲み	恐怖	怒り	驚き	嫌悪
19	幸福	悲み	恐怖	怒り	驚き	嫌悪	49	幸福	悲み	恐怖	怒り	驚き	嫌悪
20	幸福	悲み	恐怖	怒り	驚き	嫌悪	50	幸福	悲み	恐怖	怒り	驚き	嫌悪
21	幸福	悲み	恐怖	怒り	驚き	嫌悪	51	幸福	悲み	恐怖	怒り	驚き	嫌悪
22	幸福	悲み	恐怖	怒り	驚き	嫌悪	52	幸福	悲み	恐怖	怒り	驚き	嫌悪
23	幸福	悲み	恐怖	怒り	驚き	嫌悪	53	幸福	悲み	恐怖	怒り	驚き	嫌悪
24	幸福	悲み	恐怖	怒り	驚き	嫌悪	54	幸福	悲み	恐怖	怒り	驚き	嫌悪
25	幸福	悲み	恐怖	怒り	驚き	嫌悪	55	幸福	悲み	恐怖	怒り	驚き	嫌悪
26	幸福	悲み	恐怖	怒り	驚き	嫌悪	56	幸福	悲み	恐怖	怒り	驚き	嫌悪
27	幸福	悲み	恐怖	怒り	驚き	嫌悪	57	幸福	悲み	恐怖	怒り	驚き	嫌悪
28	幸福	悲み	恐怖	怒り	驚き	嫌悪	58	幸福	悲み	恐怖	怒り	驚き	嫌悪
29	幸福	悲み	恐怖	怒り	驚き	嫌悪	59	幸福	悲み	恐怖	怒り	驚き	嫌悪
30	幸福	悲み	恐怖	怒り	驚き	嫌悪	60	幸福	悲み	恐怖	怒り	驚き	嫌悪

(2) 無表情写真の提示：感情を表していない無表情の写真を1枚提示して，無表情であると説明する。

(3) 訓練用のスライド写真提示：あらかじめ60枚のスライドの提示順序をランダムに決めておき，1枚宛提示した直後に正答を知らせる。1枚の提示時間は約10秒前後で回答時間を約20秒～30秒くらいとり，正答を知らせる。「次ぎ」と言って同様に繰り返す。10番目ごとに提示順の番号を確認しながら進める。正答率を調べる調査ではないので，各スライドの提示時間は厳密にコントロールする必要はないので，回答の様子を見ながら適宜進行させる。

　正答率の調査では電子シャッターをプロジェクターに取り付け，0.1秒のスライド提示，提示間隔10秒で連続提示して，回答が得られた（福井・高藤，1991）。

(4) 事後テスト：事前テストと同じスライドを順序を変えて提示する。回答の記入が終われば，事前と事後の正答を知らせ，自己採点して事前より事後の正答が増えていることを確認させる。

(5) 訓練時のインストラクション：スライドで前方のスクリーンに顔面表情の写真を提示します。写真はイクマンの分類した6つの基本感情，幸福，悲み，恐怖，怒り，驚き，嫌悪のどれ

かです。

　感情の表出は人種，性別，年齢，顔の形態に関係なく，人類に共通した生得的なもので，チンパンジーまでも同じだといわれています。また，表情は瞬間に識別され，注意してみれば1/25秒から1/5秒の早さで識別できると実証されています。

　これから見せるスライドは，表情の強弱がありますが，男女何人かの写真です。ランダムに約1秒ずつ，60枚提示します。1枚提示するごとに，どの感情かチェック用紙の感情名に○印をつけてください。つけ終わったら，正解を言いますから，当たれば2重◎にしてください。間違ったら×印をして，正しい回答の感情に○印をつけてください。終わってから，だんだん正解が増えてくるのを確かめます。印をつける時間は20秒見当ですが，だんだん早く判断できるようになると思います。皆がつけ終わったら正解を言います。途中で何番目か確認を取りますが，休憩なしで同じやり方で60枚次ぎ次ぎに最後までやります。

(6) **事前・事後テストのインストラクション**：事前・事後テストおよび無表情写真の提示のインストラクションは適正に伝えること。

参考資料
表情からの感情識別訓練効果の測定

　訓練によって，始めより終わりへといくにつれて正当率が向上することが期待される。60枚のスライドの「顔面表情チェックリスト」と事前・事後の6種類のスライドの「顔面表情チェックリスト」は，回答後に本人が訓練の効果を確認するためのチェックに使用するためのもので，普段は回収しない。2004年5月25日に実施の際，成績とは関係なく，全体として効果があるか集計をしたいと申し出て，記名してもらい回収した。この日の参加者は34名である。

　60枚の表情写真を見て，その感情を正しく判断した正答数が，最初と較べて最後は上昇しているかを検証する。まず，最後の10枚の正答数（正答率）が，最初の10枚の正答数（正答率）に較べて増えているだろうか。表5-1は最後の正答率が最初の正答率に較べて非常に増えている者，すなわち，訓練の効果の著しい者から順に一覧にした表である。sect 1が最初の10枚の正答数（正答率），sect 6は60枚を10枚宛1 sectionに区切って6 section目の意味で最後の10枚の正答数（正答率）の数字が記載してある。最後の正答数から最初の正答数を引いた数，すなわち，訓練の結果増えた正答数を最初の正答数で除した数値が正答上昇率ということになる。

　次は60枚中前半の30枚の正答数と後半の正答数を比較するための数値である。正答上昇率はsect 1とsect 6との正答上昇率とは必ずしも一致していない。それは，かなりの者が最初から表情からの感情の識別ができていて，後半の正答数の増加が限界に達しているせいであろう。もちろん，最初から10枚とも正解している者もおり，最初から8割程度の正答率の者は1/3ほどいる。後半の方が正答数が少ない者もいるが，これらの者はすでに前半の正答率が高い者である。

　さらに，事前の6枚と事後の6枚の正答数を比較したところ，事後の正答が増したのは16名おり，減った者は1名だけで，最初から6枚正解していた者が13名いて，増えなかった者は5名だけである。表5-2に，上述のsect 1とsect 6の正答数の平均値の差，前半と後半の30枚の正答数の平均値の差，事前と事後の正答数の平均値の差を，対応のあるt-検定した結果を掲載した。どの場合も，0.1％以下の有意水準で，前後差があることを示し，表情からの感情を識別する能力は訓練によって向上することが実証されている。少なくとも，スライド提示により，正解をフィードバックする訓練は学習効果があるといえるのである。

表5-1　表情からの感情識別（最初の10枚と最後の10枚との正答率の差の高順位別）一覧

番号	正答数 sect1	正答数 sect6	前後差	正答率 sect1	正答率 sect6	s6-s1 / s1	正答数 前半	正答数 後半	正答数 前後差	正答率 前半	正答率 後半	後半-前半 / 前半	6枚中の正答 事前	6枚中の正答 事後	6枚中の正答 前後差
1	4	8	4	0.40	0.80	1.00	21	27	6	0.70	0.90	0.29	6	6	0
2	5	9	4	0.50	0.90	0.80	20	27	7	0.67	0.90	0.35	5	6	1
3	6	10	4	0.60	1.00	0.67	22	27	5	0.73	0.90	0.23	3	6	3
4	6	10	4	0.60	1.00	0.67	24	29	5	0.80	0.97	0.21	6	6	0
5	6	9	3	0.60	0.90	0.50	21	26	5	0.70	0.87	0.24	3	6	3
6	6	9	3	0.60	0.90	0.50	22	26	4	0.73	0.87	0.18	4	5	1
7	6	9	3	0.60	0.90	0.50	24	27	3	0.80	0.90	0.13	6	6	0
8	6	9	3	0.60	0.90	0.50	24	25	1	0.80	0.83	0.04	6	5	−1
9	5	7	2	0.50	0.70	0.40	18	26	8	0.60	0.87	0.44	5	5	0
10	5	7	2	0.50	0.70	0.40	18	23	5	0.60	0.77	0.28	4	4	0
11	6	8	2	0.60	0.80	0.33	19	25	6	0.63	0.83	0.32	5	6	1
12	6	8	2	0.60	0.80	0.33	23	27	4	0.77	0.90	0.17	6	6	0
13	6	8	2	0.60	0.80	0.33	24	27	3	0.80	0.90	0.13	6	6	0
14	6	8	2	0.60	0.80	0.33	21	23	2	0.70	0.77	0.10	3	5	2
15	6	8	2	0.60	0.80	0.33	22	24	2	0.73	0.80	0.09	5	6	1
16	7	9	2	0.70	0.90	0.29	23	28	5	0.77	0.93	0.22	4	6	2
17	7	9	2	0.70	0.90	0.29	24	29	5	0.80	0.97	0.21	6	6	0
18	7	9	2	0.70	0.90	0.29	22	26	4	0.73	0.87	0.18	5	6	1
19	7	9	2	0.70	0.90	0.29	21	24	3	0.70	0.80	0.14	4	6	2
20	7	9	2	0.70	0.90	0.29	23	26	3	0.77	0.87	0.13	6	6	0
21	7	9	2	0.70	0.90	0.29	26	28	2	0.87	0.93	0.08	5	6	1
22	7	9	2	0.70	0.90	0.29	26	28	2	0.87	0.93	0.08	6	6	0
23	7	9	2	0.70	0.90	0.29	24	25	1	0.80	0.83	0.04	4	6	2
24	8	10	2	0.80	1.00	0.25	27	29	2	0.90	0.97	0.07	6	6	0
25	8	10	2	0.80	1.00	0.25	27	27	0	0.90	0.90	0.00	5	6	1
26	6	7	1	0.60	0.70	0.17	20	20	0	0.67	0.67	0.00	4	4	0
27	7	8	1	0.70	0.80	0.14	23	27	4	0.77	0.90	0.17	4	5	1
28	8	9	1	0.80	0.90	0.13	23	27	4	0.77	0.90	0.17	6	6	0
29	8	9	1	0.80	0.90	0.13	23	27	4	0.77	0.90	0.17	4	4	0
30	8	9	1	0.80	0.90	0.13	26	27	1	0.87	0.90	0.04	6	6	0
31	7	7	0	0.70	0.70	0.00	19	26	7	0.63	0.87	0.37	4	5	1
32	10	9	−1	1.00	0.90	−0.10	30	29	−1	1.00	0.97	−0.03	5	6	1
33	9	8	−1	0.90	0.80	−0.11	26	24	−2	0.87	0.80	−0.08	6	6	0
34	9	8	−1	0.90	0.80	−0.11	25	23	−2	0.83	0.77	−0.08	5	5	0

表5-2　表情からの感情識別（正答数平均値の前後差）の検定

グループ	平均値	標準偏差	N	前 － 後	平均値	t値	自由度	有意確率（両側）
SECT1	6.74	1.26	34	SECT1 − SECT6	−1.88	−8.461	33	0.000
SECT6	8.62	0.85	34					
前　半	22.97	2.74	34	前半 － 後半	−3.18	−7.432	33	0.000
後　半	26.15	2.03	34					
事　前	4.94	1.01	34	事前 － 事後	−0.68	−4.176	33	0.000
事　後	5.62	0.65	34					

参考文献

Ekman, P. & Friesen, W. V. (1975) *Unmasking the Face*. Prentice-Hall.（工藤　力訳編『表情分析入門』　誠信書房　1987）

Ekman, P. & Friesen, W. V. (1976) *Pictures of Facial Affect*. Palo Alto: Consulting Psychologists Press.

福井康之（1990）感情の心理学――自分と人との関係性を知る手がかり　川島書店

福井康之・高藤美樹（1991）基本感情の顔面表情からの認知について　愛媛大学教育学部紀要　第Ⅰ部　教育科学　第38巻　第1号　89-99.

福井康之（2000）感情の関係学　鳴門教育大学退官記念出版

§6

背文字

目　的

　背中に文字を書くという伝統的な遊びを，あいまいで個人差のある非言語伝達のゲームとして使用して，相互的コミュニケーション時に必要な伝達技法の要点を「気づき」により学ぶ。

実施方法

　参加者が7～8人縦に余裕をもって並べるスペースがあって，黒板かホワイトボード（移動式でもよい）のある部屋

材　料

(1) 文字カード：5×5cm程度の大きさの厚紙に「ひらがな」か漢字のいずれかを1字ずつ書いたカードのセット（最大が5列×8人＝40人くらいとして，難易度が似ているひらがな及び漢字を5種類ずつ，ひらがな3セット，漢字で字画の少ないもの3セット，字画のだんだん多くなっていくもの5セットくらいを用意する（文字カードサンプルを参照して作成するとよい）。

【文字カード】サンプル

ひらがな
1　こ　い　り　う　く　　2　て　ろ　つ　ん　え　　3　け　は　ほ　に　た
4　あ　お　め　わ　れ　　5　す　る　よ　も　ら　　6　ね　ぬ　む　な　ま
7　か　そ　き　せ　ひ　　8　や　み　ゆ　を　ふ

漢　字
1　上　下　山　千　万　　2　文　父　夫　支　欠　　3　月　目　申　円　丹
4　夕　丸　久　刃　凡　　5　女　弓　也　及　乞　　6　冬　世　丘　出　令
7　牛　市　分　公　子　　8　皮　央　巨　尼　北　　9　作　何　伏　位　伸
10　召　台　合　吉　各　11　汗　江　沖　沢　決　12　指　持　抜　技　投
13　姉　妹　姓　妙　始　14　返　近　辺　込　迄　15　忘　想　志　思　忍
16　車　男　宝　届　高　17　舟　母　肉　雨　馬　18　風　雪　骨　身　食

　難易度の似ているものを5字（5列分）並べてある。数字の順に5字1組の文字が難しくなっていくので，最初は易しい文字でスタートし，成就感をいだけるほうがよい。できそうだと判断できるなら順序を飛ばして難しくする。足りない場合は適宜追加する。同じ文字は二度使わないようにする。

(2) メモ用紙：各人が筆記具で漢字を10字ほど記入できる白紙を人数分

手続き
Ⅰ．最初に全員で行うとき
(1) 黒板の方へ向かって7～8人で縦に一列ずつ並ぶ。どの列が背文字の伝達が早いか競争す

るので，列の人数が同数になるように，参加者の人数を勘案して決める。5人以下あるいは10人以上になるのは望ましくない。ちょうどにならないときは，残った人を助手にして手伝ってもらう。

(2) **インストラクション**：背中に指で文字を書いて順に前へ送っていって，最後の人が黒板にその字を書きます。間違いなしに，正確にどの列が早く送れるか競争です。皆さんも小さいころに遊びでやったことがあるでしょう。また，大勢の人を介すると情報の伝達が歪むことを証明するゲームとしても紹介されています。今回は背文字を伝えることで，伝え手と受け手が正確に伝えるには，それぞれどのようなことに気をつけ，工夫をすればよいか，対人コミュニケーションの伝達技法を学ぶことを目的にしています。

　一番うしろの人に文字を書いたカードを渡します。始めの合図で一斉に始めてください。最初は易しい「ひらがな」から始めます。各列とも違った文字ですが，難易度は揃えてあります。「ひらがな」が終われば，次は漢字になり，だんだん難しくしていきますが，文字は1字です。言葉を発したらすぐ分かってしまいますので無言でやってください。「始めます」「もう一度最初から書いてください」というのは言っても構いません。上下左右縦横といった指示を言葉で言わないこと。書き損じて，やり直すときは，背中を手のひらで拭いて，初めから書いてください。

(3) 1回やると，次は向きを反対にして，列の最後の人が最初の人となり，交互にする。中間の人は送り手と受け手の両方を経験できるが，最初と最後の人はどちらか一方だけなので，途中で中間の人と入れ替える。個人差があるので，伝達が手間取ったりすると，早い列の人が待ちくたびれるので，伝達が停まっている人が鈍感だと思われていやな思いをしないよう，カードの文字を見せて次へ送るよう介入し，コメントをしたり，次のステップへの導入のチャンスとする。

(4) 「ひらがな」は3回くらいで，要領が呑み込めて，ウォーミングアップになる。漢字で3回目くらいで，次のステップへと進む。漢字の伝達で手間取っているところへ介入して，後ろの送り手に見えるように，受け手が左の掌へ右の指で，送られている漢字を背中に書かれた通り同時進行で書くように指示する。送り手はゆっくり一画ずつ受け手の掌に指で書かれている字画を確認しながら送るように指示する。間違ったら背中を拭いて最初から始める。介入したペアをモデルにしたデモンストレーションが伝達に成功したら，他の列も同様に試みるように，2回くらい伝達した後か途中で，掌へ書く替わりに，黒板に書くように列から代表を希望か指名で選ばせる。

(5) 受け手が黒板に向かって立ち，送り手は受け手の後ろに立つ。送り手は受け手が黒板に書く字画を確認しながら背文字を送る。その他のメンバーはそれを観察する。同時に3組くらいを平行して実施することができる。送る文字はペアの感度に応じた難易度を残った文字カードから選んで送り手に渡す。送り手と受け手を交替し全員経験することが望ましいが，参加人数と時間の都合で適宜打ち切る。

コメント
　各ステップの伝達中か伝達後に適宜判断して，次のようなコメントをする。

(1) コミュニケーションは相手に応じて送るもので，一方的に送っても伝わりにくい。

(2) 送り手には視覚文字でも受け手には背中の触覚で感じるので，人によって指の感触は直線や直角に感じられるとは限らず，長短も送り手と受け手にはずれがある。それを考慮に入れて送ること。

(3) 受け手は送り手の指の動きを背中の感触を手掛かりにしてイメージして，文字を判断するが，早合点しないで，最後まで送られてから全体をイメージして文字を判断すること。

(4) 漢字は人によって書き順が違うので，受け手の書き順どおりではない文字が送られると，分からなくなるかもしれないが，自分の枠組みを捨てて，送り手の書き順に素直についていって，最後の全体のイメージで判断する。

(5) 送り手は指に力を込めてゆっくりと強くはっきり書くこと。送り手は受け手が一画ずつ正確に受け取っているか，受け手のうなずきや身体の動き，掌に書かれていく文字の字画を確認しながら伝達するよう努めること。このことはメッセージの送り手は受け手がどう受け取っているか確かめながら伝達すべきだということの経験的理解となる。

(6) 送られて受け手が書く文字は送り手の視覚文字に比して，縦長や横長あるいは斜めに歪んで受け取られていることが，黒板に書くことによって確認される。しかし，受け手はその字が歪んでいても，書き終わって全体を見れば，直ちに何という字か分かる。似た字があるので，送り手は違いを識別できる手掛かりを強調する。このことはあいまいなコミュニケーションは誤解を招き，誤解が生じそうな部分は正確に伝える必要があることや伝達は早合点せず最後まで聞くことの重要さなどの経験的理解になる。

(7) 受け手が黒板に書いた字が背に感じた順のとおり書かれていると歪んでいる場合がある。それはむしろ受け手が忠実に再現している証拠で，受け手の素直さを表明していることであり，称賛すべきことである。その歪んでいる字を見て，改めて正確な形の字に書き直す。

(8) 送り手が受け手に正確に素早く字を伝達できるようになれば，ペアの間に気持ちのよい親しい関係ができあがってくるのを経験できる。

II．2人ずつペアになってやるときの手続き

(1) 全員にメモ用紙を配布して，各自が今までの実習で使用しなかった漢字を5～10字メモするように言う。易しすぎたり，あまり難しすぎると練習にならないので，5～7画くらいの漢字にするように言う。ペアになった相手に分かると困るので，メモは人に見せないよう注意する。

(2) 今までの列を崩してランダムにペアを組む。同じ列の者同士がペアにならないよう工夫してペアを作る。ペア同士で自由に好きな場所へ座って，背文字の伝達を交互にするよう言う。

(3) 今までの練習でコメントしたことを確認するための実習であることを了解させて，ペアでやり方を工夫させる。背文字を送っているときだけは話さないよう，メモの漢字を相手に見られないように念のため注意する。1字ずつ交替でやるか，2～3字を続けてやり交替するかはペアに任せる。受け手はメモ用紙の裏か別の紙に送り手の漢字を書いていくようにしてもよい。空いている黒板を利用してもよい。

（4）ペアによりスピードが違うので，少なくとも3字ずつ送られていることを確認して，時間がくれば終了する。時間の余裕があれば，漢字を追加してやるのもよいが，あまり長いと退屈する。

　このゲームは筆者のオリジナルである。発想の原点はカウンセリングの初級実習で，クライエントの話を忠実に聴くために，話の途中で早合点しないで，最後まで聞き，自分の枠組みで判断せず，相手の立場を考えて理解するという「共感」の練習とデモンストレーションに用いていた。やっているうちに，送り手の問題もあることに気づき，コミュニケーションの送り手・受け手の体験実習のゲームとして使用している。カウンセリングの実習として使用するときは，送り手の留意事項をあらかじめ述べておき，送り手の条件を統制しておく必要がある。

§7

絵による伝達リレー・ゲーム

目　的

（1）グループで協力する場合，各メンバーがどれだけ雰囲気を盛り上げてやれるか各自が自覚でき，反省できる。
（2）言葉と絵のコード変換が常識に沿って巧みに素早くできる（common sense＝共通感覚）が備わっているか確認が各自でできる（上手な人を見習うことができる）。
（3）このゲームは，元来，息抜きのアイスブレイキングやグループ参加を動機づけるウォーミング・アップ・ゲームとして位置づけられているが，コミュニケーションの基礎訓練として有効である。

実施方法

設　定

（1）各グループ6〜7名（各グループ同数にすること），4〜5グループが適切。
（2）机あるいは円卓の回りをグループ全員が椅子に座るか，床の上に円座に座る。
（3）各グループが離れて位置できる程度の広さの部屋で，各グループから同距離に位置する場所（廊下でもよい）にインストラクター補助者が座る椅子と机を用意する。

材　料

（1）A4の大きさの画用紙（コピー用紙でもよい）各グループに40枚。実施時間によって30枚程度にしてもよい。
（2）クレヨン（クレパスまたはカラー・マジックペン）6〜10色程度あるとよい。各グループ1箱または1揃い。
（3）下敷き（絵を描く紙の下に敷く大きさのもので，新聞紙でもよい）
（4）時間制限法でやる時はストップ・ウォッチまたはキッチン・タイマー
（5）絵による伝達問題リスト（27ページ）

（1）インストラクション：「各グループから1人ずつ順番に出てきて，インストラクター補助者の所へ行って，問題を聞きます。各グループへ急いで帰って，その言葉を各グループのメンバーに，絵に描いて説明します。各グループの問題は難しさの程度は揃えてありますが，同じではありません。絵を描く人は無言で，ゼスチュアーもいけません。文字や記号を描いてもいけません。メンバーは声を出して正解を当てます。その言葉と一致したら，絵を描いている人は初めて"OK"と言うことができます。

すると素早く次の順番の人がインストラクター補助者のところへ行って正解を言います。インストラクター補助者は正解なら次の問題を教えます。

正解でなければ，"NO"と言って帰ってもらいます。その場合は前の人がインストラクター補助者のところへ来て正解を聞きなおして，もう一度絵を描いてやり直します。正解の場合次の人は新しくもらって来た問題を次の新しい用紙に絵で描いて，メンバーが当てるまで頑張り

ます。順番が一巡したら，また最初の人から"止め"と言うまで，どんどんと続けてください。どのグループが一番多く伝達できたか，リレー競争です」。

(2) グループから1名がインストラクター補助者の座っている机の前に集まり伝達問題リストの最初の問題を各グループごとに聞く。

(3) 各グループから順番に1名ずつ（あらかじめ各グループは順番を決めておく）インストラクター補助者のところへ正解を持って来て，正解なら次の問題をもらう。

(4) インストラクションにあるとおり，絵で描いてメンバーが当て，「絵による伝達問題リスト」の順に進行し，予定していた順位にどれかのグループが到達したら，そこで止めにして，そのグループが1位で，他のグループはできた数の順となる。時間制限法なら（20分くらいがよい）打ち切った時間内にできた数の順とする。

(5) テープレコーダーで軽いテンポの音楽を流すのもよい。熱中してくると，走って転ぶ者もいるので，滑らないよう，足もとに気をつけるよう注意する。ソックスなどは脱いで，裸足の方が安全である。

原　典

柳原　光　(1982)　絵による伝達競争　人間のための組織開発（C.O.D.）Ⅲ　行動科学実践研究会　pp.327-330.

津村俊充・星野欣生　(1996)　3「絵による伝達競争」　Creative Organization Development Ⅷ　プレスタイム　pp.53-63.

★次頁の「絵による伝達問題リスト」は新たに作成した。

絵による伝達問題リスト

A	B	C	D	E	F
1 ミカン（蜜柑）	1 リンゴ（林檎）	1 モ モ（桃）	1 カ キ（柿）	1 ナ シ（梨）	1 サクランボ（桜桃）
2 サ ル（猿）	2 イ ヌ（犬）	2 ネ コ（猫）	2 ク マ（熊）	2 タヌキ（狸）	2 キツネ（狐）
3 教　　　会	3 　　駅	3 神　　　社	3 コンビニ	3 パチンコ屋	3 スーパー
4 醤　　　油	4 ソ ー ス	4 砂　　　糖	4 塩	4 酢	4 ミ リ ン
5 東京タワー	5 エッフェル塔	5 自由の女神	5 スフィンクス	5 ロンドン塔	5 ピサの斜塔
6 晴 天（はれ）	6 雨 天（あめ）	6 曇 天（くもり）	6 暴風雨（あらし）	6 雪	6 霧
7 金　　　庫	7 貯 金 箱	7 賽 銭 箱	7 募 金 箱	7 千 両 箱	7 小 銭 入 れ
8 ニューヨーク	8 ロ ン ド ン	8 ロ ー マ	8 パ リ	8 ペ キ ン	8 カ イ ロ
9 太　　　鼓	9 横　　　笛	9 三 味 線	9 琴	9 尺　　　八	9 鐘
10 ヒ マ ワ リ	10 チュウリップ	10 ユ　　　リ	10 バ　　　ラ	10 サ ク ラ	10 ウ　　　メ
11 　　星	11 太　　　陽	11 　　月	11 　　雲	11 　　虹	11 Ｕ Ｆ Ｏ
12 握 り 寿 司	12 天　　　丼	12 キツネうどん	12 ざる 蕎 麦	12 スパゲッティ	12 ピ ザ パ イ
13 日 本 酒	13 ウイスキー	13 ワ イ ン	13 ビ ー ル	13 コ ー ヒ	13 ミ ル ク
14 ク ジ ラ	14 ウ ナ ギ	14 カ レ イ	14 ナ マ ズ	14 タ　　　イ	14 トビウオ
15 国　　　道	15 横断歩道	15 交 差 点	15 踏 み 切 り	15 ガ ー ド	15 赤 信 号
16 ウ　　　マ	16 ウ　　　シ	16 ト　　　ラ	16 ライオン	16 ブ　　　タ	16 カ　　　バ
17 天 ぷ ら	17 刺 し 身	17 トンカツ	17 ステーキ	17 サ ラ ダ	17 卵 焼 き
18 あ く び	18 くしゃみ	18 せ　　　き	18 しゃっくり	18 た め 息	18 げ っ ぷ
19 禁　　　煙	19 禁　　　酒	19 ダイエット	19 断　　　食	19 絶　　　食	19 減　　　塩
20 バ　　　ス	20 タ ク シ ー	20 地 下 鉄	20 徒　　　歩	20 エレヴェーター	20 エスカレーター
21 黒　　　猫	21 白　　　猫	21 三 毛 猫	21 ト ラ 猫	21 ブ チ 猫	21 赤　　　猫
22 福 引 券	22 宝 く じ	22 商 品 券	22 馬　　　券	22 株　　　券	22 割 引 券
23 キ リ ン	23 ゾ　　　ウ	23 シ マ ウ マ	23 カンガルー	23 パ ン ダ	23 ダ チ ョ ウ
24 距　　　離	24 重　　　量	24 時　　　間	24 温　　　度	24 風　　　力	24 水　　　圧
25 割 り 勘	25 お ご り	25 つ　　　け	25 た か り	25 会 費 制	25 食 い 逃 げ
26 クレジット	26 通 信 販 売	26 着 払 い	26 小 切 手	26 月　　　賦	26 ク ー ポ ン
27 ド ラ ム	27 ピ ア ノ	27 ギ タ ー	27 フ ル ー ト	27 ヴァイオリン	27 トランペット
28 風 邪（かぜ）	28 怪 我（けが）	28 火 傷（やけど）	28 頭　　　痛	28 腹　　　痛	28 歯　　　痛
29 パ ー テ ィ	29 宴　　　会	29 お 茶 会	29 バイキング	29 ビヤガーデン	29 レストラン
30 ドラキュラ	30 フランケンシュタイン	30 狼　　　男	30 ジキルとハイド	30 バンパイヤー	30 切り裂きジャック
31 狸 囃 し	31 狐の嫁入り	31 兎の餅つき	31 鯉の滝登り	31 屁 の 河 童	31 とぐろを巻く
32 牛　　　歩	32 脱　　　兎	32 猿 真 似	32 猪突猛進	32 馬耳東風	32 蟻 地 獄
33 蛇足ながら	33 五月蝿（うるさい）	33 鳥肌が起つ	33 虎口を脱する	33 濡れ手に粟	33 怒髪天を衝く
34 舌鼓（したつづみ）	34 甘 露（かんろ）	34 垂 涎（すいえん）	34 美　　　味	34 風　　　味	34 毒　　　味
35 読経（どきょう）	35 礼拝（らいはい）	35 祝詞（のりと）	35 念佛（ねんぶつ）	35 回 向（えこう）	35 手向け（たむけ）
36 浮 世 絵	36 絵　　　巻	36 水 墨 画	36 花 鳥 図	36 水 彩 画	36 油　　　絵
37 おみくじ	37 占 星 術	37 運勢占い	37 厄落とし	37 タ ロ ッ ト	37 こっくり
38 羽 織 り	38 振 り 袖	38 紋 付 き	38 筒　　　袖	38 喪　　　服	38 晴 れ 着
39 すき焼き	39 バーベキュ	39 雑　　　炊	39 お で ん	39 水 炊 き	39 チャーハン
40 終 着 駅	40 卒 業 式	40 ゴールイン	40 サヨナラ・ホームラン	40 お 開 き	40 打 ち 上 げ

名曲の感情

§8

目　的

　共感の能力の一つに，他人と同じように感じ，判断する能力があげられる。また他人の気持ちや感情が理解できるのは，言語的な説明や思索や推論でなく，直感的な能力が備わっているからだとされる。非言語的コミュニケーションを手掛かりにしていることは確かだが，手掛かりの分析的な組み合わせの論理的な判断ではなく，諸感覚を総合した直感的な判断である。なぜそう感じるのかは説明できない。そう感じるとしかいえないが，その感じ方は鋭く，しかも他人と一致する。

　このような諸感覚を統合した感覚は「共通感覚（common sense）」と呼ばれていて，この語の淵源はアリストテレスのセンセス・コムーニス（sensus communis）にあると，中村雄二郎（1979）が言っている。コモンセンスには「常識」という訳語があり，これは社会の中の構成員が共通して理解している知識や判断基準という意味で，万人に自明のものとされている。「1人の人間のうちでの諸感覚の統合による総合的で全体的な感得力（共通感覚）は，あたかも，一つの社会のなかで人々が共通に持つ，まっとうな判断力（常識）と照応し，後者の基礎として前者が想定される。後者は内在的な前者の外在化されたものである」と中村氏は述べている。

　人間が社会生活を営むのに暗黙の了解事項があり，これが習得されていないと，社会生活から脱落してしまう。このような関連性からみて，少なくとも共通感覚が人並みに，正常に機能していないと，社会生活での常識の偏りが生じて，人間関係の疎通性に齟齬をきたすに違いない。さらに人類に共通した資質として持ち合わせていて，人種や時代を越えて感じ合える共感や一体感を「共同体感覚・感情（Gemeinschaft Gefühl）」と Adler, A. や Maslow, A. は呼んでいる。

　ここでは社会の常識というレベルまで拡大しなくても，少なくとも他人が感じるように自分も同じ感じ方ができるかどうかという直感的な「共通感覚」の自覚と確認を目的にする。感情の交流に焦点を当てた相互理解は良好な対人関係の形成の基礎であるからである。

参考文献　中村雄二郎　（1979）『共通感覚論』　岩波書店（2000年1月に岩波現代文庫［学術1］として復刊されている）

実施方法

材　料

（1）クラシックの名曲のさわりの部分を30秒程度録音したものを5〜10曲収録したテープ

　筆者は CBS SONY FAMILY CLUB が各種の音楽全集発売の宣伝用に配布した「音のカタログ―名曲ベスト100選」のカセットテープから選曲した。複数の楽器演奏より1人の演奏の方が分かりやすい。交響曲や協奏曲よりピアノかヴァイオリン演奏を中心に選曲している。

(2) テープレコーダー：大型の音質の良いステレオで再生できるものが望ましい。

(3) メモ用紙：各自に5～8枚（同じ紙質で同型のもの）を人数分

手続き

(1) **インストラクション**：これからクラシックの名曲を30秒ほど録音したものを順番に聴いてもらいますが，1曲ずつそれを聴いて感じた印象をメモ用紙に簡単に書いてください。

　それから連想する個人的な思い出といったものでなく，あくまでもその曲を聴いた感じ，たとえば「明るい」とか「勇ましい」「悲しい」といったふうに書いてください。自分の名前は書かず，無記名にしてください。

　1曲ごとにメモ用紙を全員集めて，ランダムに読み上げます。その曲に対して皆がどのような印象を持っているかが分かります。自分の印象が他の人と似ているか，違っているかが分かります。皆と同じような感じ方をしているかを確認できます。

(2) **最初の曲の再生**：全員にメモ用紙が配布されているか確認して，インストラクションに従って指示をする。セットしてある曲の最初の曲を再生し，インストラクションどうりに集めて，かき混ぜてランダムにして，全員に聞こえるよう読み上げる。

(3) **次の曲の再生**：次の曲を再生して，同様の手続きを繰り返す。何曲実施するかは参加人数と予定されている時間次第だが，経験上5曲程度は必要である。さらに継続するかは，そのときの全員の雰囲気を察知する。曲想が単純だと印象の一致度も高いが，複雑なものや変化するものだと反応の内容が散漫になり，葛藤が生じて意欲を失う。似た曲が続くと飽きるので，飛ばす。だんだん疲労して来て真剣に聴かなくなる。一致しない者が増えると不信感が漂う。適切なタイミングで切り上げるのがポイントである。

コメント

　メモ用紙を読み上げた直後に，内容に応じて適宜コメントするか，切り上げた後でまとめて伝える。

　そんなに人と違うことはない。その曲のその部分はいつどこで聴いても変わりがないはずで，違う人は自分の気分に引きつけて聴くからだ。どの曲を聴いても同じように感じる人は心が自分の方にあって曲の方へいってない。そういう人は対人関係で相手に関心が向かわず自分中心になりがち。独自の聴き方があってもよいが，今は皆と同じように感じられるかどうかを確認している。曲名当てのゲームではないので曲名から連想する感じを書かないよう，聴いたことのある知っている曲でもその曲全体の印象でなく，その部分の印象からくる感じを書くこと。感じは移ろいやすく記憶している感じではなく here and now の印象に焦点を当てた感じの一致を心掛ける，一致しにくい人は感じ方が人と共通するように心掛けることで人の心と通じ合える。共同生活をするうえでこのような共通感覚（common sense），あるいは共同体感情（Gemeinschaft Gefühl）が必要と言われている。

ヴァリエーション

　クラシック音楽以外のものでもよいが，歌詞があると言葉が印象を混乱させそう。筆者はまだ試みていないが，生演奏でもよいが，即興は演奏者の力量が要るだろう。音楽でなくともビデオの映像や絵画で試みてみるのもよいだろう。

名曲の感情（感じ）応答例

1曲ごとにメモ書きを回収するので，いつも手元に残り，古いのは処分してしまっていた。集計してみようと思ってはいたが，今回，曲ごとの印象の応答を参考にまとめてみた。各曲はそのとき筆者の実施したものだが，前記したとおりのものを恒常的に使用してきた。かなり印象は一致しているようだ。

①ショパン「子犬のワルツ」ピアノ・中村紘子	
楽しそう・踊ってそう・軽やか	子犬が遊んでいる感じ・軽かい（快）
じれったい	急いでいる感じ・はずんでいる感じ
楽しそう・踊ってるようなかんじ	くるくるまわっているかんじ
さわやかでかるやかな感じ・足早で急がしそう	せかせかしている感じがする
明るく，楽しい・はずんでいる・うきうきする	急いでいる感じ
かろやか	けいかい（軽快）な感じ・女の人がダンスをおどっている
軽やかで，楽しそうなかんじ	
おどっている様な感じ・ゆうが	急がしい感じ・せわしない
優雅な感じ	走っているようなかんじ・軽快・とびはねているかんじ
忙しそうな感じ	明るく，踊っているような感じ
とびはねる感じ	かろやかな感じ・軽い
かろやか・はずむ様な感じ	明るく，楽しそうな感じ
きれい・細かい（繊細な）→テンポ良く強く・魚泳いでいるみたい	速い感じ・くるくる回ってそう・軽い
	せわしない感じだけど，優しい
はずんでいて，楽しい感じ	川の水がさらさら流れている感じ・すずしげ
陽気	ゆうがなかんじ（優雅な感じ）
かろやか・明るい感じ・リズミカル・なめらか	はやくしないと遅刻する
ゴージャス・食事時・黄金・きれい・ダンス	軽やかなかんじ・小学校の給食の時間に流れていたので，給食を思いだす
軽く忙しい感じ	
はやい・なめらかな感じ	はずむよう・ちょっとせかされてるように感じる

②ショパン「雨だれのプレリュード」ピアノ・中村紘子	
穏やかな感じ・木もれ日のような・少し悲しそう	のんびりした感じ
優雅・よく眠れそう	優雅・ねむたい
静かでおちつく・リラックスできる	ゆっくり・眠りそうな感じ
ゆるやか・優しい・大人しい・きれい・せつない	しっとりとした感じ・ちょっと切ない感じ
やさしい・なめらか	悲しい・別れの様子
悲しい・暗い	ねむたい
子守唄みたい・子どもが眠っている様な感じ	物憂げなかんじ・ゆううつなかんじ
おちついた感じでやさしい	ねむたいかんじ
やさしく，おだやか・ゆったりとした感じ	びんぼうそう
流れる感じ・やわらかくてやさしい	おだやかに時間が流れる感じ・少しさみしい感じ
昼休みのおわったかったるい授業・子もりうた・すぐにねれそう	静かでここちよい・眠くなりそう
	なめらか・ゆうが・やさしい・心がおちつく
美しい・ゆっくりおちついた雰囲気・少し悲しげ	おだやかなかんじと共にどこか悲しげ・寂しい，辛いかんじ
ゆったりした感じ	
おだやかな昼下がりの感じ	おっとりしていてやさしい感じ
おちついたかんじ	ゆっくりでリラックスしている感じ
優しいかんじ	ゆったりした感じ
ゆったりしていて，静かな雰囲気	別れの曲っぽい，でも優しくつつまれてる感じ
なめらか・風がふわっとふいてそう	優しいけどちょっとさみしい

③ショパン「別れの曲」ピアノ・中村紘子	
少しせつない別れのイメージ	切ない
別れ・さみしいかんじ	別れの曲っぽくて，切なく，寂しいかんじ
秋の午後の昼さがり・恋人達が公園の中で愛を語るかんじ	切ない，寂しい感じ
悲しい感じ	お別れっぽい
別れ際のさみしい感じ	悲しく心にひびく感じ
悲しいけど，だんだん元気に	もの悲しい感じ・はかなくて切ない

せつない・別れても励ましてる感じ	ゆっくりとゆったりしている感じ
さみしい・かなしい	悲しい・ゆったりしている
さびし気・落ち着いた感じ	切ない・悲しげ
悲しい・別れ	やさしいけど少し悲しい
卒業式の別れのときの曲・美しいけど悲しい	卒業式にながれていた
別れの曲・再会を願う感じ・ドラマの曲っぽい	しずかでさみしい感じ
おじいさんが死んでしまいそうな感じ	悲しそう・ゆっくり歩いてそう
別れのさみしい感じ	悲しそうな感じ・優雅な感じ
ゆっくりしていて少しかなしい	せつない感じ
悲しく切ない	少し悲しげ
卒業式	ゆったりしている・気持ちがおちつく
何かがこみあげてくるかんじ	さみしい・落ち着く
一つ屋根の下のせつない恋	

④ショパン「幻想即興曲」ピアノ・中村紘子

優雅・眠りに就きそう・朝の風景	朝眠りからさめた感じ
穏やかだけど意志が強そうな感じ	お嬢様が小さい頃からピアノを習っていて，15才の発表会
優雅な感じ	過去はもう忘れてやろうって感じ
バレーダンサーが美しくつま先で立って踊っている感じ	悲しい感じ，別れて再びどこかで再会する感じ
流れる様子・ゆったりとしている	あたたかい感じ
せつない・悲しい	おだやかだがかろやか
やさしいけど力強い感じ	小鳥が飛んでいそうな，優雅で軽やかな感じ
ゆるやかで落ちついた感じ	優雅，おだやか，のんびりしている
貴夫人がだだっ広い自分の庭の片隅で愛犬ポリーと紅茶を飲む感じ	優雅な感じだが，これから何か起きそう
白いドレスを着てひらひら踊っているような平和な感じ	うれしい気持ち
新しいことが始まるような感じ・旅立ち	春が来た感じ
せつない	愛されている感じ（この曲好き）
のびやかな感じ	時間がゆっくり流れている感じ
幸せの前ぶれ	風がゆっくり吹いている感じ
せつない感じ・細い人が湖の上で踊っている感じ	踊っている感じ
優雅・だんだん明るくなりそう	静かな湖のほとりにいる感じ
優雅な感じ・少し悲しそう	優雅で少し悲しい感じ
軽やかな感じで明るくなれそう・その反面どこかさみしげ	きれいな感じ
	細かい足取りで跳びはねるバレリーナーみたい

⑤パデレフスキー「メヌエット」ピアノ・寺田悦子

小さい子どもが跳びはねている感じ	バレエを習い始めた子が踊っている感じ
子猫がピョンピョン跳びはねて毛糸で遊んでいる様子	楽しい感じ
行進曲って感じ・子どもたちが歩いている	「お母さん，今日も街に行ってお花売ってくるね！」という少女的な感じ
今にも踊りだしそうな感じ・明るい	
小さな女の子が発表会で踊っている感じ	リズミカル
スキップしてどこかいってしまいそうな感じ	跳びはねている感じ・ウキウキしている感じ・小さい子がスキップしているよう
こねこたちが「ニャーニャー」言いながら，午後の昼下がりにきょうだい同士でたわむれる	
	朝，窓を開けたら，人がたくさんいて希望がでてきた
軽快・にこにこしてそう	楽しくとびはねている感じ
うきうきして嬉しそうな感じ	はずむような感じ・バレエを踊ってそう
楽しそうな感じ・ダンスを楽しくおどりそう	明るく楽しそう
はずむような感じ・元気いっぱいの感じ	楽しそう・ダンスの練習を並んでしてそう
明るい・楽しくとびはねている感じ	明日何着ていこっかなぁ〜っていう感じ
子どもたちが庭であそんでいる感じ	楽しくてうきうきしている感じ
明るく楽しげな感じ・おどっているような感じ	軽やかな踊り出しそうな感じ
元気がでる感じ・踊りたくなってきた・落ちつく	わくわくした気持ち
優雅で軽やか・跳びはねている感じ	おもちゃが次々とおどり出しそうな感じ
跳びはねている・楽しそうな感じ	朝7:00になる前（6:30くらいから）の3ＣＨ＊という感じ（＊神戸サンテレビ）
テンポ良い・昔の白黒映画で歩いたりする時かかっている	
明るくうきうきしている・軽やか	軽やかにはずんでいる感じ
貴族の舞踏会で踊ってそうな曲・おごそかな感じ	

⑥リスト「ラ・カンパネラ」ピアノ・中村紘子	
怖そうな所に入っていきそうな感じ・でもどんどん楽しくなりそう	「えらいこっちゃ」って感じ
かなり悲しい感じ	イライラした感じ
きれいな感じ・途中からはちょっと明るい	もの悲しい感じ
淋しい感じ	情熱的な感じ
鐘が鳴っている感じ・せわしない	悲しい感じ・会えない恋人を待っている
もの悲しい	雨の中,恋人がケンカ別れをし,女がぼうぜんと立ち尽くす。その後雨があがってよりをもどす
軽やかだけど,重みもある感じ	少しいそいでいる感じ
複雑な感じ・どうしたらいいの？って感じ	あぁ,トイレットペーパーない
もてあそばれてる感じ	真冬に暖炉の前にいる婦人がいねむり
かなしい,暗い,雨かくもりの日の感じ	姑がアルツハイマーになって嘆く嫁
平凡な日常からぬけて,ちょっと危険がある感じ	大好きな彼のもとへお嫁にきたのに,おかあさんにいじめられ,おねぇさんにいじめられ,かわいそうな私という感じ
せつない気持ちをかくしておどっている感じ	
不安でもの悲しい感じからじょじょに希望に向かう感じ	不幸のどん底に落ちそうでも耐えてる感じ
悲しみがどんどん近づいてくる感じ,なのに明るくなってくる	雨がポツポツ降ってきた感じ
	何が始まるのかわからない
何かにせまられそうな感じ・誘惑的・大人の世界っぽい	呼びかけあってそう・靴の足音が鳴ってそう
けわしい感じ	悲しそうな感じ・せかせかした感じ
高い音がするどくつきささる感じ	とてもさみしい……失恋したばかりで,今までの出来事を思い出している感じ
暗い,そしてせつない	
ひとりぼっちでさみしい感じ	
とびはねている感じ	

§9 詩歌によるイメージ・トレーニング

次の詩・短歌・俳句をよく味わい，作者の視点から，作者の心情や情景がイメージできるかやってみよう。

Ⅰ.
> 「春の岬」　　　三好達治
>
> 春の岬　旅のをはりの鴎どり　浮きつつ遠くなりにけるかも

1. 作者はどこに立って鴎を見ているか
①春の岬　　②船の甲板　　③沖の小島

2. 作者は何をしていたか
①魚釣り　　②旅の帰り途　　③バードウオッチング

Ⅱ.
> 「蝉」　　　　三好達治 《四行詩集》
> 蝉は鳴く　神さまが龍頭をお捲きになっただけ
> 蝉は忙しいのだ　夏が行ってしまはないうちに
> ——ぜんまいがすっかりほどけるやうに
> 　　蝉が鳴いてゐる　私はそれを聞きながら　つぎつぎに昔のことを思ひ出す
> 　　それもおほかたは悲しいこと　ああ　これではいけない——

歌の意味は次のどれか
①蝉が鳴いているのを聞いていると，つまらない悲しいことばかりを思い出して泣けてくる。神さま，これでは困るではないか。
②蝉の声を聞くとつい昔のことを思い出してしまって，後悔ばかりしてしまっている自分に気づく。こんなめめしい自分ではいけない。
③蝉は一夏を精一杯生きているのだ。つまらない思いに煩わされていてはいけないのではないか。こんなことではだめではないか。

9章 詩歌によるイメージ・トレーニング

Ⅲ.
> 白鳥はかなしからずや空の青　海のあをにも染まずただよふ　　　　　若山牧水

1. 歌の意味は次のどれか
①白鳥よ，空の青さにも海の青にも染まらず超然としていて淋しくないのか
②白鳥は悲しくないのか，空や海の青に染まって自然と一体になればいい
③あの広い空や海の色に一緒になれ白い白鳥よ，そのままでは自分ひとりで気付かずに取り残されてかわいそうだね

2. 作者はどんな気持ちでこの歌を作ったか
①青い色の中の一羽の白鳥を見て皆からのけ者にされている自分を憐んで
②汚れのない一羽の白鳥に限りない羨望のまなざしを投げかけている
③この世の汚濁に逆らって一人孤高を保っていることの寂しさをかみしめる

Ⅳ.
> 大正15年4月，解くすべもない惑いを背負うて，行乞流転の旅に出た，
>
> 　分け入っても分け入っても青い山　　　　　　　種田山頭火

1. 作者のいるところは
①山路を歩いている　②木の茂った山を登っている　③山の中で道に迷っている

2. 作者の気持ちは
①自分の人生のように，行けども行けども先がない
②いくら行っても変わりようのない自分がいる
③人生いたるところに青山あり世間は自分を待っている

Ⅴ.
> この味がいいねと君が言ったので　7月6日はサラダ記念日　　　　　俵　万智

歌の意味は次のどれか
①7月6日はあなたが私の作ったサラダをほめてくれた記念すべき日だった
②一緒に食べたサラダがおいしいと言ってくれたあなたの笑顔の記念日よ
③何でもいいと喜ぶあなたが7月6日はサラダの味をほめた日なのです

正解は50ページ下欄にある。

目　　的

(1) 詩歌のイメージから，作成した作者の心情や，作者からみたそのときの情景を想像する作業を通じて，共感能力の程度を確認し，解説を聞いて，共感とはどうすることかを理解し，共感能力を高める。

(2) 詩歌など文芸作品の観賞では，読んだ時の印象やイメージから想像して，自分ならどのように感じ，どのような気持ちになるかという批評的な意見を述べることもできる。そのような印象や感想は「共感」とは言わない。人の話を聞いてどう感じたかと自分の思いを述べたり，自分の過去の出来事と重ね合わせて同じ思いがしたと述べても，それは「共感」を伝えたことにならない。それはあくまでも，自分の思いである。

(3) 共感とは自分の思いや気持ちはいろいろ感じるが，それは別に置いておいて，相手が感じたことを相手の立場に立って感じることである。相手の立場に立つ（to stand his foot）ということで，相手が言いたいと思っていることを，相手に替わって言うことで，自分がどう感じたかを言ってはならない。

(4) だからまず，相手が立っているところ，立場，いる場所がどこなのか理解していなければ，自分がその場所に立つことができない。作者が立っている場所へ自分が心でイメージして，作者と一体化する。その時自分がどう感じるかと考えると，それは「共感」ではなくなる。作者になってどう感じるか想像を巡らす。そのためには作者がどういう人かをあらかじめ見当をつけておく必要がある。大体が感受性に優れていて，美的感覚に溢れ，常識に囚われない柔軟な教養があるくらいは想像できよう。しかし，非常識で狂気じみていることはない。それなら伝達不能になる。

(5) 作者が何を伝えようとしているのかが分からなければ，作品を理解したことにならない。しかも文芸作品は文字言語を使っていながら，論理的な説明を超えた意味を伝えようとしているので，部分や全体の構成，リズムや色彩など感覚に訴える響きなどnon-verbal communicationの手掛かりを動員して感じ取ることが要求される。そのために視覚だけでなく，声を出して読んで聴覚の手掛かりも必要になる。しかしながらこれらを理解できる能力は共通した文化の中で学習されてきており，したがって「共感」することが可能なのである。できるかどうかやってみよう。

参照文献
宮崎清孝・上野直樹　（1985）　視点―認知科学選書1　東京大学出版会

実施方法

手続き

(1) 「詩歌によるイメージ・トレーニング」用紙を配布し，詩・短歌・俳句を読み，その下の3つの設問の内から正解を1つ選び，①，②，③のうちどれか1つに○印をつけるよう指示する。

(2) 大体できた頃を見計らって，正解を告げ，意見を聞いたり，解説する。その折に「共感」とはどういうことかを説明する。

Body Work──からだを使ってイメージを共有する

§10

目　的

　真に通じ合えるコミュニケーションをするには，身体の動きによるノンバーバル・コミュニケーションを通じて本心が現れるからだということを，体験を通じて納得しておく必要があるだろう。そのために，身体の動きを通じてイメージが伝達でき，また身体の動きを通じて，イメージを共有することで，無言ででも協同作業ができるという一連の実習を体験して納得する。

実施方法

1．ガラス拭き

　（1）目の前に透明のガラス窓をイメージして，そのガラスを手のひらで直接拭く。立っていても，座っていても，腰を掛けていてもよい。平面のガラスがそこに本当にあると思って，そのガラスを真剣に拭く。そうすると前にいる人にもそのガラスが見えてくる。拭いている本人がイメージできていないと，前から見ている人には見えてこない。本人がイメージできていると，そのガラスを本当のガラスを拭くのと同じように自然に身体を動かすので，実際にガラスがそこにあるように見えてくる。イメージができずに，こういうふうに拭けばよいと考えてやってもできない。これはジェスチュアーではないことを強調しておく必要がある。その気になれば簡単にできる。

　（2）ガラス窓をイメージするときは，ガラスとそれを拭く手の指先に，最初は視線が集中し（その部分を凝視する）いったんある大きさの平面のガラスのイメージができると，他を見たり，ガラス越しに向こうを見ていても拭けるようになる。横にいる人には分かりにくいが，正面から見るとよく分かる。前にいる人が見えたといったら終了する。

　（3）最初はインストラクターがデモンストレーションする。インストラクターは参加者と，向き合って正面に立ってデモンストレーションする。参加者が円陣に座っていたり，向き合っていると，参加者の正面に立ってデモンストレーションしなくてはならないので，インストラクターは移動して何回もデモンストレーションする必要がある。前にいる参加者全員が見えたというまで何回もやる。なかにはどうしても見えないと言い張る参加者もいる。そのときは「魔法で現れるわけではないので，何もないので見えないのは当たり前で，拭いている動きをよく見ていると，あたかもそこにガラスがあるように見えてくる」とユーモアを混えて雰囲気作りをする。

　（4）参加者全員で一斉に各人が練習をする。雰囲気がよければ，隣同士向き合って交互にやるよう指示する。個人差があるので，インストラクターは見ていて，もう少し大きな動作ですとか，手のひらをしっかり開いて，ガラスに沿って平面に押し付けて拭くとか，力の入れよ

うが少ないなど，気のついたことを臨機応変にコメントする。あまり指示すると，できていないと批判されているように受け取ってやる気を失うので，肯定的なムードを維持することがポイントである。

（5）次にインストラクターが正面へ回って向き合うようにして，1人ずつ順番にやる。人前で1人だけやるのは，かなり緊張するので，やり方を見ながら次のようなコメントを適宜タイミングよく，本人にのみ指示するのでなく，全員に言うように伝える。

（6）コメント：順序にかかわりなく，適宜適切なタイミングで伝えるが，初期の段階のコメントから中期，終期のコメントへと積み重ねがある。
①初期のコメント：ガラス窓のイメージができているかどうかは拭き方で見ている人に分かるので，どう拭けばよいか考えてやるのでなく，イメージしたガラスを実物を拭くようにする。本当に拭いていると，手の動かし方が考えなくても自然に動く。それらしくジェスチュアーでやっているのと見分けがつく。これはイメージができるかどうかの練習である。最初はガラスをよく見て拭くので，視線がガラスに集中するのが，正面から見ている人によく分かる。また拭いている手のひらに沿って視線が移動しているのが見える。拭いている手のひらはガラスにぴったりくっついていて動かしているので，両端を拭くときは手のひらは微妙にガラスに沿って動いている。正面のガラスを拭いているときと同じ角度のまま左右に動かしているなら，湾曲したガラスを拭いていることになる。上下の場合も同様である。ガラスを撫でているのでなく，しっかりと力を入れて，すっすと拭く。

②中期のコメント：拭いている手のひらはガラスを押しているという抵抗感があるか。ヒンヤリとしたガラス面の感触が感じられればすごい。単に手のひらで拭いていると思っているかもしれないが，拭いているときは腕にも力が入っている。肩や背中，腹，脚の筋肉も協動していて，拭いていない反対の手（左手）にも力が入っているのに気づくはずで，身体全体が働いている。見ている人には，拭いている手のひらだけでなく，身体全体の動きが視野に入っていて，自然に拭いているか，ジェスチュアーか見極められている。拭いていない方の手や腕は支えるために当てている部分を押さえている。ガラスの面で支えているなら，当然拭いている手のひらと前後の食い違いがないのが自然なはずだ。

③後期のコメント：宙空に視覚的なガラスのイメージを作っているときより，自分の手でそのガラスを拭いていると，そのイメージがより鮮明になるのが分かる。イメージが鮮明になればなるほど，そのイメージのガラスを拭くのが，実際のガラスを拭くのと同じ自然な動きになり，その身体の動きから，見ている人はイメージのガラスがありありと見えてくる。イメージは作っている人の心の中にあって，外に見えるものではない。しかし，そのイメージに従って行動し，身体を動かせば，そのイメージは他者に伝わるのである。すなわち「心は身体を通じて現れる」のである。見せかけでなく，本気で真剣にやれば，本人が気づかなくても，身体がそれに沿って動いて，他者はその動きを直感的に感じて心を察する。口先の嘘は直ちに見破られ，誠意や真心が通じるのは，コミュニケーションが心身一如に基づいているからなのである。

2．コップで水を飲む

（1）ガラス拭きに続けて，円陣に座って実施する。床あるいは机の上に置いた水のいっぱい

入ったガラスコップをイメージして，そのコップを持ち上げて水を飲み，元のところへ置く。コップは普通の大きさのもので，水がこぼれない程度にいっぱい入っているものをイメージする。したがってその形や重さに応じて手でつかんで口へ持ち上げ，好きなだけ飲むように指示する。

　(2) 最初はガラス拭きと同様，インストラクターがデモンストレーションする。インストラクターは必ずしも向き合って正面でデモンストレーションしなくても，参加者がよく見えるところでやればよい。参加者が円陣に座っていたり，向き合っていると，インストラクターは移動して参加者がよく見えるところでデモンストレーションすればよい。飲み干すときにコップの縁を口につけて水がこぼれないように傾けながら飲むように注意しながらデモンストレーションすること。

　(3) 参加者全員でガラス拭きと同様，一斉に各人が練習をする。次に1人ずつ順番にやる。コップを持って，確かに水を飲んでいるかを，周囲の参加者に同意を求めながら，順にやっていく。どうも変でそう見えない場合，どこが変かコメントする。たとえば，その角度ならコップの水がこぼれるのではないか，口の中の水を飲んだのかなど，次のコメントを適宜注意しながら進行させると，最後の方の順になるとかなり上達する。

　(4) コメント：コップをつかんでいる指先の開きはコップの大きさに合っているか。コップのどの辺りをつかんでいるのか。口元まで持っていくとき，コップの水がこぼれないよう水平にしたまま移動させているか。口元に到着するまでに傾ける者が多い。コップの縁を唇につけてからコップを傾けて水を飲んでいるか。コップをつかんでいる指先と唇との間隔は適切か。唇につけても一挙にコップを傾けると水が入り過ぎてむせるのではないか。水を飲んでいるとき視線はどうなっているか。一飲みしているとき，呼吸を止めているか。水を飲むとき少し首を突き出し，唇をコップに近づけないのか。飲み干すときにいったん唇を閉じて飲み込んでいるか。飲み込むときに，喉の奥のほうがごっくりと動いているか。どのくらいの量の水を飲んだのか。冷たいか。おいしいか。元の位置にコップをしっかりと戻して置いたか。本当に飲んでいると，目付きが内側に向いてうっとりした表情になる。見ている人も自分が飲んでいるように口元がつられて動く。たいていの者は上手にやれるようになる。イメージに従って行動できるということが体験できたであろう。

3．ビール・パーティ

　(1) 他者とイメージを共有するゲームである。コップで水が飲めるようになると，今度はそのコップにビールを注いでもらって飲む。2人でペアになって，交互に注ぎ合う。ビールビンか缶ビールで相手のコップにビールを注ぐ訳だが，注ぐ方は相手のイメージのコップが相手の手つきや動きで正確にイメージできないと，自分のイメージのビールビンや缶ビールでうまく注げないし，注いでもらう方は相手のイメージのビールビンや缶ビールを正確にイメージできないとコップを注いでもらえるように持っていけない。そのためにお互いに自分のイメージを正確に伝える工夫をしなくてはならず，一方的でなく相互に了解しながら，しかも第三者から見ても両方のイメージが正確に伝わり，2人の動作がぴったり合ってコップにビールを注いでいるのがよく分かるようでなければならない。

　(2) ペアは最初にどちらから先に注ぐかを決める。ビールビンにするか缶ビールにするか，

1本を交互に使うか，それぞれ自分ので注ぐか，その形や大きさを確認する。ビールは蓋を取ってあり，いっぱい入っていることにして，重さがあり，どの程度傾ければどの程度の勢いでコップに注げるかを相互に確認をしてから始める。

　(3) 各ペアで声を掛け合い，話ながら，お互いに調整し交互に練習する。インストラクターは見回りながら，コップにしっかりと注げているか，持っている手つきからコップやビールビン，缶ビールが第三者からイメージできるかをコメントしていく。注ぎ口とコップがマッチしているか，注いでいるスピードが適切か，コップに入っていくビールの量や泡のイメージが双方で一致しているか，注ぐときは自分のコップを下に置いて，ビンや缶を持ち替えて注いでいるかなどをコメントする。

　(4) 練習が終われば，ペアずつ順にやり，ペアのやり方にどこが不自然かなど指摘して調整して，見ている者が納得するかを問う。注いでもらったのを飲み干してから注いだり，注いでもらったコップを置いて相手に注いで，2人でコップを持ち上げ，乾杯して飲む者や，注ぎ合うスタイルもさまざまなバリエーションが自発的に生じて，楽しそうにやるようになれば成功である。時間や間の取り方が冗長になりそうなら，向き合っているグループの一方が全員やり，片方が観察するということを交替してやり，上手にできてきたら全員で一斉にやる。盛り上がってくると，本当にコンパやビール・パーティをしている雰囲気が醸し出されてきて驚く。

4．氷運び

　(1) 集団（数名）でイメージを共有するゲームの1つである。数名（6〜10人程度）にグループを分ける。参加人数を勘案して同人数にグループを分ける。必ずしも同人数にならなくても，人数の差が開かない方が不公平感がない。数名が輪になってかがんで手を差し出してつかめる大きさの両端を結んだ円状のゴム紐を1本用意する。

　(2) 用意した円状のゴム紐を床に置き，最初のグループ・メンバーはその周りを囲んで，同じ間隔で並ぶ。「床に置かれたゴム紐を各自がかがんで，床に置いたまま引っ張って少し延ばす。その大きさ，形が薄い氷だと仮定します。掛け声や合図をしないで無言で，メンバーの動きを見ながら，調子をそろえて横の指定した場所まで，皆で一斉にゆっくり運んでください」とインストラクターは言って，少し離れた横の空いた場所を指す。「では，始め」と言って，メンバーの動きを見守る。メンバーの持ち上げのスピードが上下ずれたりしていると「氷が割れる」と注意する。移動しているとき足並みが乱れたら「氷の形が変わっている」「氷が歪んでいる」などと適宜コメントする。他のグループ・メンバーは周りに座って観察している。

　(3) 最初のグループが氷を置き終えたら，ゴム紐をその場に置き，次のグループと交替する。次のグループからはインストラクションは不要で，順に実施すればよい。観察していたので，だんだんと上手になってくる。「大変上手になった」と最後に言って，一巡すれば終わる。

　(4) 氷は薄くて割れそうで，ヒヤヒヤしながら運んでいる。動きがずれると形が変わって氷のイメージが崩れるので，慎重に動いていて，氷のイメージを全員で共有できているかが分かる。氷そのものを視覚的にイメージできているかは疑問であるが，少なくとも全員で形を崩さないよう自分の動きを複数の他人の動きと連動させて動くという自発的な身体運動ができるということが経験できればよい。ゴム紐があるのでこのゲームはやりやすい。続けて，イメージ

のグランド・ピアノを押して移動させる。大玉転がし。一列になって順に水の入ったバケツを隣へ渡す。輪になって順にボールを投げて受ける。風船突きをする。バレーボールをするなどを適宜やる。ボールゲームなどは視覚的なイメージができやすい。

5．大縄跳び

(1) イメージの縄で順番に縄跳びをする。集団でイメージを共有するゲームであるが，氷運びのように全員でイメージを共有するのでなく，集団のなかの一員として，集団のメンバーと同じように他者とイメージを共有して，動けるかを確認するゲームである。これはイメージを共有することで，集団に所属できるという経験でもある。

(2) 集団の人数が少ないと，順番が早く回って息切れがするので，20人位のグループがよい。縄を回す役割の者2人は順番に交替する。最初は2人で縄を回す感覚がつかめるように，実際の用意した縄を回す。跳ぶ方も順番に実際の縄を跳ぶ。2順すれば，今度は縄を横に丸めて置いておき，実際の縄を回したように，イメージの縄を回す。回っているイメージの縄を見ながら，順番にイメージの縄を跳ぶ。

(3) 最初はイメージの回っている縄を見ながら1回だけ跳んで，抜けたら次の者が跳ぶというのを3回くらい繰り返す。回っている縄は，視野の中に入っている縄を回している人の動きから感ずるわけである。中にはそれがうまくつかめず，跳ぶ真似をしている者もいるが，回っている縄の角度や位置に無感覚なので，側から見ていて変だとすぐ気がつく。回っている縄が真ん中の真下の跳べる位置に来ているかは，縄を回している者の手が真下に来ている時と一致しているはずである。そんなことを考えて見て跳んでいるわけでなく，実際の縄で跳んだ時の感覚で，直感的に判断している。だからうまく跳べたか，縄を引っ掛けたか，跳んでいる本人にも，側で見ている者にもよく分かる。

(4) 縄を回す者も回す相手とタイミングが合ってないと，うまく回ってないのが分かって，跳べない。回し方がリアルでない場合，もう一度，実際の縄を回して感覚をつかむ。縄の回し手が交替するときは，実際の縄を回してから，イメージの縄を回すようにする。跳ぶ側は次に3回跳んで抜けるのを1人ずつ順番にやる。その次は1人が跳び続けているところへ，もう1人が入って一緒に2人で，跳ぶ。2人で跳んだら，先の人が抜ける。そうしたら後から入って跳び続けている人に，その次の人が入って一緒に跳ぶ。これを繰り返す。このような他者とのイメージの共有体験は共同作業の基本である。

(5) 靴や靴下を履いていると，跳んでいるときに滑って転ぶので，寒くないときは裸足になった方がよい。かなり激しい運動なので，汗ばむので軽装でスラックスを着用していた方がよい。2人で，一緒に跳びながらじゃんけんして，負けた方が抜けるなどバラエティを加えて適宜打ち切る。跳んでいて縄を引っ掛けたなら，ストップを掛け，やり直す。跳んでいる者も引っ掛けたと分かったら自分でやり直すようにあらかじめ言っておくとよい。

(6) これだけやると，たいていの者は縄が見えるといって不思議がる。成長するにつれて，現実をしっかり見ることが要求され，物理学的な現実しか見なくなるので，イメージで見て，イメージで人とのつながりが持てることを忘れてしまっている。幼児期に「ごっこ遊び」をして，その場にないものを想像し，子ども同士で結構楽しんでいた頃のことなど，とっくに忘れ

ている。その延長線上の児童期の遊戯を，特に近年は経験しなくなってしまったので，人間関係の基本であるイメージの共有，すなわち，心の交流の直感的理解を成人になってからでも訓練して経験し回復しなくてはならなくなっているのが現状であろう。

参考文献
竹内敏晴　1975　『劇へ——からだのバイエル』　青雲書房
　この書は演劇のレッスンのためのゲーム集であるが，人間関係の訓練としてポピュラーになった「竹内レッスン」のマニュアルともいうべき貴重な本である。

§11 シナジー（協力相乗作用）ゲーム

> これはグループ内の4人で同じマークのカード札をそろえて，グループの総得点を多くするように協力するゲームです。

◎ トランプのカード札を52枚（13×4）用意する。ジョーカー札は除く。

◎ ゲームの人数は6～8人で1グループとする。

◎ グループ内の4人が，その都度協力することによって個人の得点が増し，グループ全員の得点の合計が増す。4人はゲームの進行によって組み合わせは変わる。合計得点の多いグループの優勝とする。

◎ 得点の計算には，エースは1点で，2，3，……10点と絵札は11，12，13点として合計する。

◎ 親は前回のゲームの最高得点者がなる。1番最初の親は引き札の最高点者がなる。同点の場合はハート，クローバー，ダイヤ，スペードの順とする。

◎ 親がカードを，各人6枚あて配る。残ったカードは裏向けにして重ねて皆の前に積み上げておき，その回のゲームには使用しない。

◎ 親から始めて左回りに，各人手持ちの札を1枚ずつ各自が自分の前に表向きにして出す。2回目からは先に出したカードの上に重ねて出していく。ゲームに使われるのは，その都度各自が1番上に重ねて置いたカードで，重ねた下のカードはそのゲームには使用しない。

◎ 自分の出せる札は，先に出した人の同じマークの札の数字より大きくなければならない。

◎ 同じマークでその場の4人がそろったらストップをかけて，ゲームが終了する。

◎ どれかのマークの札の13を出しても，そのマークの札が4枚そろっていないとゲームは終了しないので，次の人はその13のマーク以外でその場に出ている札の同じマークの札の数字より大きい数字で10以下の札しか出せない。ただし，その場に出ていないマークの札なら10以下のどんな数字の札を出してもよい。

◎ 同じマークの札でそろったときの4人のそろっている札の数の合計点を算出し，その合計点とその合計に使用した自分の札の点数を足したものが，自分の得点となる。

◎ そろった4人以外の者の札はマークが違うので合計点には数えられないで，得点は自分の札の点のみである。

◎ 札を出し損なったり，間違えた場合は，パスとする。

◎ 手持ちの札から出す札がないときや，出したくないときは何回でもパスできる。

◎ パスしたときには，先に自分が出した1番上の札が，その回のゲームの自分の札として，自分が次に出すまで，ずっと生き続けていて，その場の自分の札となる。

◎ メンバーのだれかの手持ちの札がなくなったときは，その回は全員得点なしで終了となる。そのときには，次の親はその回の親がもう一度続けてやる。

◎ ゲームが終わるごとに，親は各人の札と使わなかった積み上げてあるカード札とを一緒に混ぜてよく切って，改めて6枚ずつ各人に配ってゲームを始める。

◎ メンバーは，お互いに，自分の札を見せたり，各人が出す札について，指図したり，希望を述べたりすることはできない。

◎ 5回（始める前に何回勝負にするか決めてもよい）で総決算して，各人の合計点とグループの合計点を求める。

◎ 初めてやる場合は，札を見せながら説明し合って練習をしてから，全員がルールをよく理解してから始めること。

得　　点　　表

メンバー名	1回	2回	3回	4回	5回	合　計
合　　計						

得　　点　　表

メンバー名	1回	2回	3回	4回	5回	合　計
合　　計						

★　シナジーとは薬の相乗効果を指すが，自己実現が促進される社会の仕組みや自己実現している人々の意識に，シナジーの原理が働いているから，相互協力の精神が発現するのだと，マスローは指摘している。

★　このゲームは著者が独自に開発したものである。実際に実習に使用するとインストラクションに不備なところがでてきて，何度か改訂して理解しやすくなったと思うが，分かりにくい部分は修正してインストラクション用紙を改訂作成してください。

§12 ノンバーバル・コミュニケーション・ゲーム

　3部構成になっているこれらのNon-verbal Communication Gamesは，各部の末尾に出典が記載されているとおり，Pfeiffer. J. W. & Jones, J. E.編集の"*A Handbook of structured Experiences for Human Relations Training.*" vol.Ⅰ～Ⅲ. University Association. から引用紹介したものである。

　紹介した当時は，教員を目指している教育学部の学生の人間関係促進の体験学習の必要性から，正規の授業の枠に開講しており，また大学の社会人向けの公開講座を開設していたので，魅力のある新しい試みとしてノンバーバル・コミュニケーションのゲームをプログラムに採用しようと模索していた。臨床心理学に関心を持つ心理学専攻の学生と演習ゼミで体験学習のプログラムの開発の一つとして紹介し，これらのゼミ生とマイクロ・ラボの形式で順次実験的に試みてみたものである。

　当初紹介した約25年程前には，これらの人間開発のトレーニング・ゲームはその一部がワークショップなどで散発的に試行されていたに過ぎなかったが，紹介してあるかなりのもの，たとえば，Trust FallやTrust Walk等は今ではポピュラーなものになっている。

　しかしながら，これらのノンバーバル・ゲームは，参加者には体験すること自体に興味が持たれても，その意図するものや目的が明確でなく，その結果の意味も判然としないものが多い。実施後にフィードバック・セッションの時間を十分に取って，気づいたこと，ひらめいたこと，得られた洞察や思いついたことなどを，丹念に記録し比較検討する必要がある。まだ今のところ，ファシリテーターやインストラクターの直観や経験で目的や効果を推定して，これらを目的に応じて組み合わせて活用している。羅列し，順不同に興味だけで実施することには益がないことは自明であろう。

　もっとも，これらはどれを取り上げても，アイス・ブレイキングの1つとして活用できる。また，短時間に実施できるので，授業の最初や途中の息抜きに活用すると，教員や受講者同士の対人関係の親密感や信頼感を促進し授業の内容とは関係なく，学生や生徒の意欲や関心を喚起し持続させる効果がある。もちろん各種の研修会やミーティングの息抜きにも活用できる。なお，これらは下記からの転載である。

出　典
福井康之　(1981)　『自己実現と共感』　愛媛大学公開講座「自己実現のための体験学習講座資料」　愛媛大学教育学部教育心理学研究室　101-113.

1. ノンバーバル・コミュニケーション・テクニック
——非言語伝達活動技法 I

　人間関係ラボで使用されているいくつかの非言語訓練が以下に集録されている。空想的な思いつきのようだが，これらの活動がときには効果のあるデーターを生み出すことに注目するのは大切なことである。ファシリテーターは，ファンタジー・ゲームへの導入を高めるという点でも考えておく必要がある。

二者経験

1. 信頼の後倒れ（Trust Fall）
　1人がもう1人に背中を向けて立つ。両腕は下へ軽く伸ばして後ろへ倒れ，相手に受けとめてもらう。役割を交替し，その行動を繰り返す。

2. 信頼の歩み（Trust Walk）
　1人が目を閉じ，目の不自由な人になって導かれ，物の間を通ったり，上を通ったりする。役割を交替し，その行動を繰り返す。

3. 信頼の力走（Trust Run）
　外で，1人が目を閉じ，元気に走る相手に導かれる。役割を交替し，その行動を繰り返す。

4. 身体で押し切る（Pushing and Shoving）
　頭の上に両腕を伸ばして，指を組む。お互いに押し合って壁の方へ追いやろうとする。

5. 表情を感じとる（Feeling Faces）
　目を閉じたまま向かい合って立ち，お互いに相手の顔を手で非常にゆっくり探る。

6. 進歩向上（Progression）
　お互いに向かい合って座り，お互いに言葉を使って感情を分かち合う。2・3分後，背中合わせに座り，言葉を使って感情を伝え合う。もう一度向かい合って座り，言葉を使わないでコミュニケートする。

7. 綱引き（Tug-of-War）
　床に自分たちの間に線があると想像し，想像の綱で綱引きする。一方が線を越えて引っぱられることにする。

8. そっとたたく（Patting）
　お互いに向かい合って立つ。1人は目を閉じ，両手を下へ垂らしている。もう1人が彼の体の両側をそっと叩く。頭から始めて足までずっと下りていき，頭までもどる。役割を交替し，その行動を繰り返す。

9. 反　　射
　お互いに向かい合って立つ。1人が相手の体の動きの鏡の像となる。相手の方に手の平を向

け，手を前に伸ばし，大きく動かす。それから，1人が目を閉じ，相手がゆっくりと手を動かす様子をまねようとする（ほとんど手が触れそうなくらいにして）。役割を交替し，その行動を繰り返す。

10. 距離を見つける（Finding a Distance）

お互いに距離をおき，言葉を使わずに対話する。2人は最も心地良い距離を見つけるまで試みる。

グループ経験

11. 横倒れ（Roll）

グループの参加者はくっついて輪になって立つ。グループでもっと信頼感を増大させたいという参加者中の希望者1人が，輪の中で前後左右に倒れる。彼は左右に押し返される。中に入っている人は，両足をそろえ，両ひざの間をあけないで，両目ともつぶることが大切である。

12. ゆりかご（Cradle）

目を閉じて床の上にあおむけになっている1人の参加者をグループ全員で持ち上げる（頭を支えて）。彼は，宙ぶらりんにされ，やさしく前後に揺すられる。それから，ゆっくり床の上におろされ，急にメンバーが手を放す。

さまざまなグループ経験

13. 目のチェーン（Eye-Contact Chain）

参加者は，互いに1メートル弱に離れて向かい合い，2列に並ぶ。彼らは，手をつなぎ両端の人たちも手をつなぐ。これは自転車のチェーンに似た輪を形づくる。話をしないで，それぞれの参加者は，目の合図を自分と向かい合っている人に送る。グループ全体がそろったら，みんな右へ一歩動く。目の合図が次の人に送られる。グループのメンバーがもとの場所にもどるまで続ける。

14. 輪（Circles）

すべてのメンバーは，大きな輪になって手をつなぐ。彼らは，できるだけ大きな輪を作り，ほとんど手が離れそうになるまで広がる。それから，彼らは，できるだけ小さな輪を作り，非常に接近してぶつかる。

15. 新聞紙たたき（Newspaper Hitting）

それぞれの参加者には，丸めた新聞紙が与えられる。彼らは，出会った人を新聞紙でたたきながら部屋中を歩きまわる。

16. ぐるぐる回り（Milling）

参加者は目を閉じ，言葉を使わないで互いに出会うまで部屋をあてどなくぐるぐる回る。
変形：目をあけて（握手しない），また，目を閉じてパートナーを探す。

17. 集団の手さぐり（Group Grope）

参加者は，部屋の中央に頭を向けて，できるだけ中央から離れて床の上に輪になって，うつ

伏せに寝ころぶ。

18. 音楽のフィーリング（Feeling Music）
　対照的なスタイルの音楽が演奏される（ロマンチックなもの，ロック，フォークなど）。参加者は，ダンス（踊り）で表現する。

出　典
Pfeiffer. J. W. & Jones, J. E.　(1969)　*A Handbook of structured Experiences for Human Relations Training.* University Associates. vol. Ⅰ. 101-102.

2. ノンバーバル・コミュニケーション・テクニック
──非言語伝達活動技法 Ⅱ

　人間関係のトレーニングにおいて，数多くのテクニックが追加され，言語を用いた相互作用に基づく学習が増加しているけれども，言語を用いないテクニック（NVT）もまた，ファシリテーターやラボ参加者に人気がでてきている。しかしながら Mill と Ritvo が指摘しているように，NVT の可能性には多くの（未研究の）落とし穴が一方に残っていそうである。彼らはファシリテーターがある種の詭弁でしか答えられなかった3つの問題点を提示している。
　(1) あなたたちの NVT の選択と使用は人間の変革の方向の理解とどう一致しているのか？（学習論は？）
　(2) あなたたちの従事しているラボの目標との関連において，この NVT はどのように位置づけられているか？（訓練の計画は？）
　(3) この時点で，この参加者と，この NVT が適合するというのは，一体どんな直接的な，見てすぐ判るような要求なのだろうか？（特別の関連性は？）

　各種の本に紹介されている構造化された体験学習と同様，ラボ学習の適用の安全を保障しようとするなら，NVT に続く言語的な探求が少なくとも NVT そのものの体験と同じくらい重要になる。それゆえ NVT を使うときには，NVT 使用によって出現したデータを検証するのに十分な時間をかけることが，二重に重要であるように思える。

---

1. 誇張（Exaggeration）
　グループのメンバーは，他の人の前に立ち，自分の感情を身ぶりで，言語を用いず誇張して表現するように要請される。

2. 物の受け渡し（Pass-the-Object）
　ある物──ペン，本，灰ざら，のような物──が輪になったメンバーからメンバーに渡される。参加者はその物を使って好きなことをやってみる。

3. 姿勢を映す（Posturing）
　グループは二列になって座り，互いに向かい合う。一方の側にいる参加者が短い時間でミーティングすると，片方の参加者は向かい側にいる人の身体的な姿勢を各々鏡のように映す。

目的：共感的に他人を理解することを増進させる試み

4. 座ったまま転がす（Seated Roll）

メンバーたちへの信頼感を促進させたいと希望しているメンバーが1人だけグループのまん中に立つ。他のメンバーは床の上に輪になって座り，足をまん中にいるメンバーの足にぴったりとおしつける。彼は目を閉じて身体を倒れさせる。他のメンバーは彼を腕と足で支え，人の輪に沿って転がす。

5. 信頼の歩み（Trust Walk）──変形

参加者は2人ずつ組になり，各々リードする人とされる人を決める。リードされる人は対人的信頼を学ぶために目の不自由な人になって歩くのをリードされる。後で彼らは役割を逆転させて繰り返す。リードは次のいくつかの方法のうち1つをやる。導かれる人のひじにわずかにふれる。手だけをにぎる。後ろから肩に手をおく。小声で指示する。

6. 自然歩行（Nature Walk）

グループは外を話をせずに散歩する。メンバーは環境をできるだけ詳しく調査し，彼らの感情を言葉を使わずに互いに伝え合うよう教示される。

7. 手話（Hand Talk）

参加者は2人ずつ組になり離れて動く。各々のペアのメンバーは互いに向かい合う。ペアの各々のメンバーは順番に，パートナーに言語を使わないようにしてフラストレーション，緊張，楽しみ，好意，怒り，憎しみ，得意，エクスタシーなどのようにファシリテーターが次々に言う感情を伝達するように言われる。各々のパートナーは，別々にその感情について1分くらいで表現する。

8. 背合わせ上昇機（Back-Lift）

グループのメンバーは2人ずつ組み，背中合わせで床の上に座る。彼らは互いに腕を組み合わせて立とうとする。

変形：背中合わせで立って腕を組み合わせる。一方が他方を床からもち上げる。

9. 包みをあける（Unwrapping）

内的葛藤を経験しているメンバーが，かっちりとしたボールのようになるように要請される。彼はメンバーのだれかから，彼をほどくか，あるいは完全にひらいてくれる人を選ぶ。ボールになったメンバーは，ほどかれることに対して争いを続けるか，降参するかどちらかである。

10. 見つめ合いの輪（Eye-Contact Circle）

グループは輪になって立ち，あるメンバーが時計の針の方向に輪の周りを廻って，メンバーと互いに目で接触し，言語を使わないでコミュニケートする。それから自分の位置にかえる。次に彼の左側にいるメンバーが輪のまわりをまわって，同じようにする。すべてのメンバーが，他のすべての人と接触するまで続ける。

11. 笑い（Ha-Ha）

グループのメンバーが床の上に横たわり，各々の人は頭をだれか他の人の腹部の上にのせる。あるメンバーが笑い始め，全員がそれに唱和する。

12. サンドウィッチ（Sandwich）

参加者は全員が同じ方向に向いて一列になって立ち，各々の人かその前の人に両腕をからませる。そのまま彼らはいっせいに横になり，足と肩を交互に動かしながら調子を合わせて床の上をすべっていく。

13. シーツをかぶって歩き廻る（Draped Milling）

参加者は自分自身でベッドシーツにくるまって，無言でお互いに出会いながら部屋の中を歩き廻る。2人同士は，自分の感情を言語で伝えるようにして，その後で，その経験を無言で伝えるようにしてもよい。

14. 橋の下で（Under the Bridges）

参加者は手をつないで輪になる。メンバーのうちだれか1人だけは片手を自由にして，他の人たちが手でつくっている橋の下をつながって通り抜ける。グループは連なって結び目ができる。

15. 大小の輪（Big and Small Circle）

参加者は手をつないで輪になる。ファシリテーターは，輪をできるかぎり大きく広げるように教示する。それから次はできるかぎり小さくするように教示する。

16. 持ち昇げ（Elevated）

列の後ろにいる参加者は，高く持ち昇げられ他の人の頭の上を通ってもう一方の端にいる人のところまで渡され，そこでゆっくり下へ降ろす。それから次の人が列の頭の上を通って他の端まで渡される。この作業，すべてのメンバーが昇げられ運ばれるまで続く。

17. 想像上の物体（Imaginary Object）

参加者は8人から12人で各々輪をつくる。ファシリテーターは球体のものを想像して，各々のグループのまん中の床の上に置きますという。だれかがそのものを取り上げ，それを加工して次へどんどん渡していく。約10分後に，各々のグループはその経験を検討する。そして次は想像上の立方体で続けて同様に繰り返す。

18. 草原の散歩（Meadow Walking）

広くて，片付いた部屋の中で，参加者は一方の壁に沿って一列になるように要請される。ファシリテーターは彼らの前にあるその空間が春の草原であると知らせる。彼らは個人で探索し壁のところにもどってこなければならない。それから次はペアで，4人で，8人で，最終的には全員一緒に同じことをする。小グループになって言葉を使って検討する。

出　典

Pfeiffer, J. W. & Jones, J. E. (1970) *A Handbook of structured Experiences for Human Relations Training*. University Associates. vol. II. 94-96.

3. ノンバーバル・コミュニケーション・テクニック
——非言語伝達活動技法Ⅲ

1. 杖と石（Stick and Stones）
先端に把手のついた杖と，ゴルフボール大の石を，グループの中心に置く。メンバーは，それらを使用して何かするように言われる。話をしないで，適当な方法を考えついて，お互いに各自の反応を伝達する。

2. 姿勢によるフィードバック（Posture Feedback）
1人のグループメンバーが一斉に非言語的なフィードバックを受けるやり方である：グループメンバー全員が，彼に対する印象を表わした姿勢を示す。メンバー1人ずつ全員がフィードバックを受けた後，検討するセッションを設ける。

3. 生身のソシオグラム（Sociogram）
グループメンバーは自分たちにとって有意義だと思う方法で，部屋をまわり，お互いを配置したり，動かしたりすることによって，生身のソシオグラムを作る。ソシオグラムの最終的な形を新聞紙大の用紙に書いて，話し合う。

4. 太鼓踊り（Drum Dance）
だれかがドラムをたたく，（ドラムの録音でもよい）。その間，グループメンバーは自由に踊る。突然ドラムがストップすると，参加者はその瞬間の身動きを止めたままにする。そして，お互いを観察し，2人ずつで観察の結果を話し合う。

5. 身体会話（Body Talk）
グループメンバーは，あれこれと身体を使って，いろいろな感情を示す。ファシリテーターは，1人の参加者に紙片を渡し，感情の名前とその感情を示すのに使用した身体の部分を書かせる。

6. 血まみれの組みひも（Red Roves）
参加者たちは互いに向かい合って2列に並ぶ。両方とも列の先頭の人が列の前を通って斜めに走って，反対の列の後尾の人と入れ替わる。全員がそっくり入れ替わってから，衝突や攻撃や回避の各人のスタイルについて話し合う。

出　典
Pfeiffer. J. W. & Jones, J. E. (1971) *A Handbook of structured Experiences for Human Relations Training.* University Associates. vol. Ⅲ. 97-98.

33-34ページ　詩歌によるイメージ・トレーニングの解答

〔正　解〕
　　　Ⅰ．1.　②　　2.　②　　　　Ⅱ．③　　　　Ⅲ．1.　①　　2.　③
　　　Ⅳ．1.　①　　2.　②　　　　Ⅴ．①

対人スキルズ・トレーニング

――対人関係の技能促進修練ガイドブック――
Guidebook for Social Skills Training

解　説　篇

§1　対人関係の技能促進のための訓練
　　　対人関係の技能習熟の機会
　　　対人関係の技能促進訓練プログラムの開発
　　　Social Skills Training（対人スキルズ訓練）の登場
　　　人格成熟促進プログラムとSSTの統合

§2　対人関係技能促進訓練（SST）の実際
　　　授業として実施したSST
　　　SSTの実際
　　　授業前に配布したプログラムの一覧

§3　対人関係技能促進訓練（SST）の効果測定
　　　質問紙による効果測定
　　　SST効果測定調査票の作成と効果測定
　　　SSTS質問紙による効果測定

§4　対人関係技能修得実習実施一覧
　　　大学の授業として実施したもの
　　　大学公開講座として社会人対象に実施したもの
　　　医学部附属病院看護部リーダー研修として実施したもの
　　　県教育センター主催の現職教員研修として実施したもの

§5　SSTの実習課題の解説と出典一覧
　　　コミュニケーション訓練
　　　非言語コミュニケーション
　　　価値選択と自己覚知
　　　他者認知と共通感覚
　　　課題解決
　　　集団討議
　　　アイス・ブレイキング
　　　Ending Rite ─別れの儀式

§1 対人関係の技能促進のための訓練

対人関係技能習熟の機会

　人々はお互いに，自分のためにも他人のためにも良かれと心配りをしながら，社会生活を維持している。このような配慮によって，私たちは社会生活の中で相互的に満足できる言動が遂行できているかを確認し，私たちの社会生活は修正されながらより洗練されたものになっていく。特に，対人場面でのコミュニケーションを通じて，お互いに尊重し合い，理解し合い，信頼できる人間関係を形成する総合的な能力が錬磨されてくる。

　ところが，これらの能力は，乳幼児期の母子関係から，児童期の家庭生活における家族関係や学校生活の友人関係の経験を通じて自然に培われてくるので，個人の生育歴に差があれば，その能力には自ずと各人によって違いがある。しかも，青年期，成人期になると相手に遠慮して不愉快になるのを避け，これらの能力差による対人関係のコミュニケーションの行き違いを指摘したり，丁寧にフィードバックしなくなる。そのため，コミュニケーションの行き違いに気づく感受性がなかったり，その原因を探索する努力も不足するので，これらの能力は低次な段階に留まり，発展しなくなる。

　せめてお互いを気遣う家族関係の中での修正が期待されるにもかかわらず，そうはならない。家族間の接触の機会の減少や深い関わりが避けられて親密感が希薄化し，おまけに，この能力不足によって，青年期・成人期の親子関係や夫婦関係が，これら相互の能力を錬磨するまでに至っていないからである。

　それだからこそ，社会生活へ参入する以前の学校教育の場で，ある程度の対人関係や対人コミュニケーションの維持発展が配慮ができる能力の向上が期待されることになる。

対人関係の技能促進訓練プログラムの開発

　筆者は長年，教員養成教育に関わってきて，教員を目指す学生の資質の一つとして期待される対人関係調整能力の育成のための教育プログラムの開発と，それによる能力向上の授業を試みてきた。これらの能力向上のプログラムは人間関係のさまざまな能力開発訓練として，小集団によるグループ・ダイナミックスを活用した合宿集中学習の形態で，エンカウンター・グループや感受性訓練として研修会や合宿ゼミとして実施されてはいたが，大学の正規の時間帯の授業で実施可能なプログラムとしては開発されていなかった。そこで当初は，人間関係への感受性向上を目的にした教職の選択科目の一つとして，半期15週2時間の授業時間帯内に実施可能なように，集中的な合宿形態の学習プログラムを分割して積み重ねるという方式でプログラムを開発しようとした。

　その際にモデルとなったのは，わが国に「感受性訓練」として紹介されていたSensitivity Trainingの分野で開発されていた構成的集中体験学習（Structured Experiencing Exercises）である。これはたとえば信頼感の形成，共感能力の向上といった目標に沿って，その能力を錬磨することのできるように構造化されているものを，比較的短時間で集中的に訓練できるようになっていて，その実習をグループで一斉に行う技法である。もちろん参加者の内的世界の安全

を保障するために，参加は強制されることなく各人の選択に委ねられ，自発性が尊重される。そのため，その実習が目的としていることと，実習の条件設定や実施手続きがあらかじめ説明され，多くはゲーム感覚で楽しみながら参加できる。各人の成果については自己評価に留め，全員の順位づけなどをしないことはもちろんである。

現実的にこれらの実習を基本形態とする体験学習による授業を，教職教育のカリキュラムの一環として位置づけるための試みとして，教育臨床の領域からのアプローチという観点で「臨床心理学演習」として開講した。一方，青年期の人格成熟促進を目的とした授業ということで「青年期の諸問題」という授業科目名で開講した。これらの経緯については福井（1981）を参照されたい。

合宿集中方式で実施されていたプログラムを分割アレンジして実施したので，その配列の順序の効果，能力相互間の促進・相乗効果や開発される能力の順位の優先度などの評価は別途考慮すべきかもしれない。時間配分，効果の個人差・必要度など，検討されるべき課題も残されたままである。しかし一方で，採用してきた既製のエクササイズやゲーム類もその目的に沿った効果に従って改善がなされたり，新規開発などの経験的な検討も蓄積されてきた。

また，これらの諸能力は加算的なものとは思えず，人格内で統合され系統的に機能し，創造的な自己増殖と発現が期待できる。経験学習のためにも集中的，総合的，全体的な場の提供が望ましいという思いは捨て切れない。筆者はカウンセラー養成訓練プログラムにはエンカウンター・グループ参加体験が必修だと信じており，授業形態でエンカウンター・グループを実施する方法についての実施報告と考察をしている（福井，1999，2001）。

長年実施してきたこれらの訓練プログラムは主として教員養成教育の授業での実践に焦点が置かれていたが，それは筆者が教員養成教育に一貫して関わってきたためともいえる。少なくとも筆者の研究テーマの一つはカウンセラー養成教育であり，グループ・アプローチによる人間関係への感受性促進訓練として取り組んできたものである。これは総称すれば「対人関係の技能修得訓練」プログラムの開発と実践と言うことができ，教員やカウンセラーといった人間関係の専門家の教育訓練に応用するのはもちろん，看護師や社会教育主事にも同様の方法で研修を行ってきている。

Social Skills Training（対人スキルズ訓練）の登場

近年，文部科学省は日本社会の構造的欠陥がもたらした社会病理の蔓延化と心の荒廃，国民の自信喪失や閉塞感による社会の活力低下を憂い，乳幼児期からの「心の教育」を推進するための育児支援のシステムの樹立を提起してきた。家庭と地域で伝統的に受け継がれてきていた対人関係の技能の修得を保障していた教育機能の喪失が原因であるといえる。対人関係のコミュニケーションを成立させている感受性の欠落が，直感的な意思疎通である心のつながりを感じる能力を麻痺させてしまっているからである。そこで，この能力を回復するために「対人関係の技能修得訓練」プログラムが有効ではないかと提案した（福井，2005）。そのような提案の背景には，そもそも「対人関係の技能修得訓練」プログラムは特定の能力や技能のみを集中的に訓練するためのものではなく，社会人として常識を備え，健全な対人関係の形成可能な資質を持つ，標準的な水準をクリアしている人格の成熟促進を目的にしていた。それは条件や機会に恵まれなかったために恩恵に浴することのなかった人々に向けて促進の機会を提供しようとするものであった。すなわち，順調な人格発達を保障するためのものであった。

ところが，上述したように，近年これらの発達が保障されにくい社会となり，対人関係の形成に困難をきたし，そのことを自ら悩み，またそのことで他人を悩ます青年や成人が大量に出現するようになってきている。対人関係の技能修得促進訓練は発達途上のそれぞれの年代に必要な教育課題となっている。しかしながら，人間関係を支援する専門家としての対人関係技能

促進訓練ではなく，障害者の日常生活支援技法として取り上げられ，あるいはピア・サポートといった名称で健常児の対人関係促進技能訓練が，社会心理学の領域からSocial Skills Training（対人スキルズ訓練）として，わが国に紹介され，実践されるようになった（菊地・堀毛, 1994；渡辺, 1996；相川, 2000）。これらは，Argyle, M.たち（1985）の社会的スキルの心理学からの発想であり，菊地（1988）の向社会的行動や思いやりの心理学から発展し，ネルソン＝ジョーンズ著相川充訳（1993）や相川・津村（1996）らが精力的に開発してきた対人関係の技能修得を目標とし，具体的なプログラムに沿って訓練をする方法である。

人格成熟促進プログラムとSSTの統合

筆者も教員養成系の大学で授業を継続してきて，教員採用状況の低下に伴い一般企業へ就職する学生の増加という現実に照らして，プログラムの内容を教員の資質向上から対人関係の技能調整能力開発へとシフトすることが必要になってきていた。しかし，もともとは，訓練の内容は教員にのみ要求される独自の能力を前提とし，それを訓練するという発想ではなかった。教員の場合，一般人としての人格成熟の平均以下では，児童生徒の自己実現を促進する人格的な触れ合いが困難との発想のもとに，自己実現への人格成熟を促進するという目的に沿ったプログラム内容を開発し訓練を実践してきたのであった。したがって，プログラム内容は大幅な変更の必要性もなく，従来の実習を精選していき，対人関係のコミュニケーション技法の習熟にウエイトを置くといった工夫を重ねていけばよいということが確認できた。そこで改めて振り返ってみれば，今までやって来ていた人格成熟促進プログラムや対人関係技能促進訓練はSocial Skills Training（SST）という領域概念で把握することができるという認識に達した。そこで，現今では学生たちが卒業後の社会生活を円滑に営めるように，「他人と気持ちのよい関係をつくるための技能を磨く訓練」というサブタイトルをつけたSST（Social Skills Training）の授業を実施し，実際にどのような効果が生じているのかを測定し，実施しているプログラムの内容の精選に努力している。

参考文献

アーガイル, M. & ヘンダーソン, M.（著）吉森 護（編著）（1992）人間関係のルールとスキル 北大路書房（Argyle, M. & Henderson, M. *"The Anatomy of Relationships and The Rules and Skills to Manage Them Successfully."* Penguin Books. 1985.）

相川 充（2000）人づきあいの技術——社会的スキルの心理学（セレクション社会心理学20）サイエンス社

相川 充・津村俊充（1996）社会的スキルと対人関係——自己表現を援助する（対人行動学研究シリーズ1）誠信書房

福井康之（1981）人格成熟促進のための授業として試みたグループ体験実習の検討（佐治守夫・村上英治・福井康之（編）『グループ・アプローチの展開』 誠信書房 124-154.）

福井康之（1999）教員養成の大学院の授業にエンカウンター・グループを導入する（伊藤義美・増田 實・野島一彦（編）『パーソンセンタード・アプローチ——21世紀の人間関係を拓く』ナカニシヤ出版 107-122.）

福井康之（2001）カウンセラー養成のためのグループ経験（田中雄三・森谷寛之編『生徒指導と心の教育 実践編』 培風館 147-174.）

福井康之（2005）生徒指導（心の教育）に生かす教育相談 月刊学校教育相談, **1**, 76-81.

菊地章夫（1988）思いやりを科学する——向社会的行動の心理とスキル 川島書店

菊地章夫・堀毛一也（編著）（1994）社会的スキルの心理学——100のリストとその理論 川島書店

ネルソン＝ジョーンズ, R.（著）相川 充（訳）（1993）思いやりの人間関係スキル——一人でできるトレーニング 誠信書房（Nelson-Jones, R. *"Human Relationship Skills: Training and Self-help.* 2nd ed." Cassell Publishers. 1990.）

渡辺弥生（1996）ソーシャル・スキル・トレーニング（SST）（講座サイコセラピー11） 日本文化科学社

§2 対人関係技能促進訓練（SST）の実際

授業として実施したSST

　大学教育の一環として，Social Skills Trainingが正規の授業として受け入れられるまでには，まだ平行して検討されるべきことが多々ある。しかし，対人関係を良好に促進する技能が益々貧困化をたどる一方の青年期の学生に，特に対人コミュニケーションの技能を早急に学習させる必要性は，若者たちの日常会話や対人関係に立ち会った者には痛切に感じさせられる。この事態は若者だけに留まらず，日本人全体に及びつつある。巷では既に日本語を正確に話せない人たちの存在が話題となり，人の心の痛みが分からないといった気持ちが通じ合えない不気味な偏向した自己愛の人たちが増大してきている。他人と関わることを避けたがる風潮の強くなってきている社会では，対人関係を促進する技能を自発的に修得することはとても期待できない。学生が将来卒業して就職し，結婚し，家庭を持つまでに，それらを修得する最後の機会は在学中の経験であり，大学教育の一環として授業を通じて経験の場を提供することにもっと積極的になってもよいのではないかと考えられる。

　筆者は女子大学に在職した機会に，上記の理由だけでなく，対人関係に敏感で，感度が鋭く，また職場を和やかにし，将来母親として育児の役割を果たす女子としての特性を尊重する女子教育のカリキュラムの1つとしても重要だと思え，SSTの授業を早速導入した。実際にやってみると，娘が母親から，後輩が先輩から，当然伝えられていると思えることが，「知らなかった」「そうなのか」といった反応をするのに驚かされた。

　とりあえず開講できた授業は，文学部教育学科3回生前期3時限（午後1時〜2時30分，90分）「臨床心理学Ⅰ」の時間帯である。小学校の教員免許が取得でき，心理学の専攻コースがあるので，教員を希望する学生も受講できるが，現実的には心理学専攻生の専門選択科目となっていて，受講生は心理学専攻生が大半を占めていた。企業への就職希望が多いので本来ならば，そのような学生のために開講すべきだと思える。実施の概略は下記のとおりである。

```
┌─ 2001年度前期　13回実施　33名参加 ──────────────
│ ① 4/10  Orientation，的あて        ⑧ 5/29  2人で絵を描く
│ ② 4/17  ＥＩ社                      ⑨ 6/ 5  ボール遊び，呼びかけ
│ ③ 4/24  危機からの脱出              ⑩ 6/19  名曲の感情
│ ④ 5/ 1  絵による伝達，星座          ⑪ 6/26  表情識別訓練
│ ⑤ 5/ 8  ハナブサ・フィギュアー      ⑫ 7/ 3  シンボル・マーク
│ ⑥ 5/15  トラスト・フォール，トラスト・⑬ 7/10  言葉の花束
│         ウォーク
│ ⑦ 5/22  ガラス拭き，コップの水飲み，大
│         縄跳び
└──────────────────────────────────────
```

2002年度前期　14回実施　35名参加

① 4/16　Orientation，的あて
② 4/23　2人で絵を描く
③ 4/30　絵による伝達
④ 5/ 7　感情に注目
⑤ 5/14　危機からの脱出
⑥ 5/21　EI社
⑦ 5/28　ハナブサ・フィギュアー
⑧ 6/ 4　トラスト・フォール，トラスト・ウォーク
⑨ 6/11　ガラス拭き，コップの水飲み，ビール・パーティ
⑩ 6/18　ボール投げ，大縄跳び，魔法の箱
⑪ 6/25　名曲の感情
⑫ 7/ 2　背文字
⑬ 7/ 9　言葉の花束
（番外）
⑭ 7/16　シナジー・トランプ（自由参加）

2003年度前期　12回実施　24名参加

① 4/15　Orientation，他己紹介
② 4/22　表情識別訓練
③ 5/ 6　タコタコ・タヌキ，印象ゲーム
④ 5/13　的あて，絵による伝達
⑤ 5/20　危機からの脱出
⑥ 5/27　EI社
⑦ 6/ 3　2人で絵を描く
⑧ 6/10　トラスト・フォール，トラスト・ウォーク，名曲の感情
⑨ 6/17　Body Work
⑩ 6/24　ハナブサ・フィギュアー
⑪ 7/ 1　背文字，魔法の箱
⑫ 7/ 8　言葉の花束

2004年度前期　13回実施　48名参加

① 4/13　Orientation，気持ちのいいコミュニケーション
② 4/20　感情にもとづくコミュニケーション
③ 4/27　対人関係の自己診断，タコタコ・タヌキ
④ 5/11　的あて，ジャンケンゲーム，名前取りゲーム
⑤ 5/18　印象ゲーム，絵による伝達
⑥ 5/25　表情識別訓練
⑦ 6/ 1　2人で絵を描く
⑧ 6/ 8　ハナブサ・フィギュアー
⑨ 6/15　危機からの脱出
⑩ 6/22　トラスト・フォール，トラスト・ウォーク，名曲の感情
⑪ 6/29　Body Work
⑫ 7/ 6　背文字，魔法の箱
⑬ 7/13　言葉の花束

SSTの実際

　2002年度以降からは，最初のオリエンテーション時に，あらかじめ実施する次のようなプログラムの一覧を配布する。以前はあらかじめ何をやるか知らせない方が，学生はどんなことをやるのか楽しみで出席すると言っていたが，何をやらされるのか不安だという学生が増えてきたので，あらかじめ知らせて安心させるためと，服装準備などや心構えなどができるので，プログラムを知らせるようになった。現今では大学の授業はシラバスの提示が求められ，授業の内容の公開と教員と学生との受講の契約の責任が求められるようになっている。さらに，以前は第1回からいきなり実習課題を導入し，まず経験して面白いし，何かが得られるのではないかと期待するというふうに動機づけを行ってきたが，近年になって，体験して自らが意義を見つけ出すといった自発的・自主的な学習意欲が乏しくなり，やっている実習が自分にどう役立つのか分からないという訴えをする学生が増えてきている。さらに自分にこのような実習がなぜ必要なのかを了解できていない様子なので，プログラムの初期は対人関係の在り方についての知識や対人関係の技能が自分にどれだけ欠落し，訓練する必要があることを認識するために，自己診断をする実習を導入し，動機づけを行う必要が出てきている。2004年度のプログ

オリエンテーション時には次の事柄について了解（契約）を求める。

（1）この授業は講義ではなく，対人関係の技能訓練の実習を主とするので，効果のあるなしは積極的に参加して自ら学ぶ意欲次第である。苦痛な時は申し出て，参加を休む権利が保障されている。

（2）毎週前回の実習に出席した感想をA4用紙1枚にまとめたレポートを提出すること。提出がない場合は欠席とする。

（3）提出されたレポートの枚数による出席回数で評価を行い，試験はしない。レポートの内容は評価しない。

（4）毎回名札を用意するので出席者は皆に見えるように胸に着ける。

（5）実習のグループ分けは，その都度行う。実習の用具は用意し，やり方はその都度説明する。

授業前に配布した実施プログラム（授業シラバス）の一覧

2002年度前期火曜3時限「臨床心理学Ⅰ」
人間関係を楽しくできる能力開発体験学習
他人と気持ちよくいられるための基礎訓練（共通感覚を磨く）

回数	実施日	題目	目的・内容
1	4月16日	的あて	他人との最初のcommunicationの仕方 チームで仮想の的を撃ち得点を競う
2	4月23日	2人で絵を描く	言葉なしでの共同作業 打ち合わせなしで2人で1枚の絵を描く
3	4月30日	絵による伝達	チームで絵でリレー競争 言葉を皆に分かるよう絵で表現して伝える
4	5月7日	感情に注目	感情無視による困ったcommunication 感情への注目度をチェックして考える
5	5月14日	危機からの脱出	個人の意見と集団の合意の調整 サバイバルゲームの話し合いによる回答
6	5月21日	ＥＩ社（コンセンサス）	集団の意思決定への個人の参加度 グループの話し合いによる難問の正解競争
7	5月28日	ハナブサ・フィギュアー	ノン・バーバルでの集団作業 バラバラの紙片の組み立て競争
8	6月4日	Trust Walk（体育館） （Body WorkⅠ）	ノン・バーバルでの共同作業 目隠しして一緒に歩いて案内する
9	6月11日	ガラス拭き（体育館） （Body WorkⅡ）	身体はこころを伝える 見えない窓ガラスを拭く，etc.
10	6月18日	縄跳び（体育館） （Body WorkⅢ）	身体の世界内存在の体験 見えない縄を跳ぶ，etc.
11	6月25日	名曲の感情	共通感覚による感情の一致 名曲の一部を聴いて感情を推定する
12	7月2日	背文字	相手の意図に気づく受け止め方（共感） ペアーで背に文字を書いて当てる
13	7月9日	言葉の花束 （Ending Rite）	グループ解散時の別れ（授業終了）の儀式 お互いに心のこもった言葉を贈り合う

挿入GAME (ice breaking)	
持ち物隠し	身に着けている物を判らずに隠して当てさせる
ミップ・ウォー	配られたカードの情報を交換して架空の単位の計算をする
タコ・タコ・タヌキ	タコとタヌキに分かれて合図によって相手の手を叩く
trust fall	信頼の後倒れ；信頼感形成の原理を考える
チジミ・ジャンケン	負けたら縮むジャンケンゲーム
ビール・パーティ	皆で見えないコップにビールを注いで飲み合う

人間雑巾		身体を脱力して相手に任す
氷運び		見えない薄い氷を皆で運ぶ
バケツ・リレー		水の入った見えないバケツを皆で運ぶ
頼信朝臣		馬泥棒を無言の共同作業で捕えた武士親子の話（『今昔物語』25巻12話「馬盗人」）から考える
魔法の箱		箱から取り出した見えない品物を追加しながら順に送る
チーム・トランプ		個人の得点よりもチームの成績を競うトランプ・ゲーム（福井考案）

2003年度前期火曜3時限「臨床心理学Ⅰ」
対人関係を促進できる能力の開発体験学習
他人と気持よい関係をつくるための技能を磨く訓練（social skills training）

回数	実施日	題　目	目的・内容
1	4月15日	orientation	この授業の概略説明・受講の約束事・アンケート実施。
		他己紹介	ペア同士で話し合い，相手を皆に紹介するゲームを通じ，対話（他人を自己が紹介）の基本スキルを学習する。
2	4月22日	表情識別訓練	顔写真やスライドで感情を識別する実習を通じて，他者の感情に関心を払えるようにする（感情についてのミニレクチュアーあり）。
3	5月 6日	タコ・タコ・タヌキ	タコとタヌキに分かれて合図により相手の手を叩く。軽い身体接触（ice breaking）によって見知らぬもの同士の親密感の増大を図る。
		第一印象ゲーム	グループ内のメンバー各人の印象をメモしてだれかが読み上げて，本人からフィードバックし，自他の対人認知のズレに気づく（思い込みについてミニレクチュアーあり）。
4	5月13日	的あて	チームに分かれて，隠されている的を推定して撃ち，得点を獲得する。他人と関わるためのcommunicationの仕方を学ぶ。
		絵による伝達	チームで絵でリレー競争。言葉を皆に分かるよう絵で表現して伝える（ice breaking）。non-verbal communicationとverbal communicationの接合。
5	5月20日	危機からの脱出	サバイバルゲームの正解の話し合いにより，個人の意見と集団との合意の調整を通じてcommunicationのあり方について考える。
6	5月27日	ＥＩ社（コンセンサス）	グループの話し合いによる難問の正解競争による集団の意志決定への個人の参加度から意欲や関心と関わりのあり方を考える。
			【話す・きく】エクササイズ・シートでcommunicationの仕方を検討。
7	6月 3日	2人で絵を描く	打ち合わせなしで2人で1枚の絵を描く。表情やしぐさから意図や感情を察し，言葉なしの共同作業を楽しく完成させる。non-verbal communicationによる心の交流ができることを知る。
8	6月10日	トラスト・フォール	信頼の後倒れ；信頼感形成の原理を考える。
		トラスト・ウォーク	目隠しして一緒に歩いて案内する。
		名曲の感情	ポピュラーな曲を聴き，共通感覚による感情の一致をみる。これらの経験を通じて連帯感・相互理解・相互信頼・相互尊重・いたわり・分かち合い・暗黙の了解等を知る。
9	6月17日	Body Work	ガラス拭き；見えない窓ガラスを拭く。ビール・パーティ；皆で見えないコップにビールを注いで飲み合う。氷運び；見えない薄い氷を皆で運ぶ。バケツ・リレー；水の入った見えないバケツを皆で運ぶ。

			これらの経験を通じて,「身体は心を伝える」ことや,身体筋肉運動のcommunicationのあり方や社会的ルールの暗黙の了解を知る。
10	6月24日	ハナブサ・フィギュアー	ノン・バーバルでバラバラの紙片を組み立てる集団作業をこれまでに学習してきたcommunication skillsを活用し完成させる。
11	7月1日	背文字	ペアで背に文字を書いて当てる。相手の意図に気づいて受け止める。共感・自己開示・傷つけない・優しさ・いたわり・長所に気づく。
		魔法の箱	箱から取り出した見えない品物を追加しながら順に送る。ユーモア,創造性,サービス・マインド,自己評価のプラス,自信等。
12	7月8日	実習の評価と反省	各人の開発された能力の評価のための事後アンケートの実施。
		言葉の花束	お互いに心のこもった言葉をカードに書いて贈り合う。グループ解散時の別れ(授業終了)の儀式(Ending Rite)。

レポート(セッションの評定用紙と感想文)は印象が薄れないようその日の内に記入し,翌週の授業に提出のこと。

2004年度前期火曜3時限「臨床心理学Ⅰ」
相互に満足できる対人関係が促進できるコミュニケーション能力開発のための体験学習プログラム
他人と気持よい関係をつくるための技能を磨く訓練(social skills training)

回数	実施日	題 目	目的・内容
1	4月13日	オリエンテーション 気持ちのいいコミュニケーションの仕方	この授業の概略説明・受講の約束事・アンケート実施。他人と気持よい関係とはどんなことか体験する。相手の希望・要求に沿った話し合いを体験する。あらかじめ相手の希望を記してもらう。
2	4月20日	感情にもとづくコミュニケーション	チェックリストで自分の対人関係の持ち方を検討する。①普段,身近な人との間で感情のコミュニケーションができているか。②自分が相手と感情のコミュニケーションをやれているのだろうか。③なぜそうなっているのか,親のメッセージの自己診断。
3	4月27日	対人関係の自己診断	①対人能力レヴェル:簡単な投影法のテストで自己診断。②交流分析とエゴグラム:対人関係で生じる交流パターンを知る。
		タコ・タコ・タヌキ	タコとタヌキに分かれて合図により相手の手を叩く。軽い身体接触(ice breaking)によって見知らぬもの同士の親密感の増大を図る。
4	5月11日	的あて	チームに分かれて,隠されている的を推定して撃ち,得点を獲得する。他人と関わるためのコミュニケーションの仕方を学ぶ。
		ジャンケンゲーム	チジミ・ジャンケン;負けたら縮む。オンブ・ジャンケン;負けたら背負う。
		名前取りゲーム	ジャンケンで勝った人は負けた人の名前を紙に書いてもらう。
5	5月18日	印象ゲーム	グループ内のメンバー各人の印象をメモしてだれかが読み上げて,本人からフィードバックし,自他の対人認知のズレに気づく。
		絵による伝達	チームで絵でリレー競争。言葉を皆に分かるよう絵で表現して伝える(ice breaking)。non-verbal communicationとverbal communicationの接合。
6	5月25日	表情識別訓練	顔写真やスライドで感情を識別する実習を通じて,他者の感情に関心を払えるようにする(感情につい

			ての ミニレクチュアー あり)。
7	6月 1日	2人で絵を描く	打ち合わせなしで2人で1枚の絵を描く。表情やしぐさから意図や感情を察し,言葉なしの共同作業を楽しく完成させる。non-verbal communication による心の交流ができることを知る。
8	6月 8日	ハナブサ・フィギュアー	ノン・バーバルでバラバラの紙片を組み立てる集団作業をこれまでに学習してきた communication skills を活用し完成させる。
9	6月15日	危機からの脱出	サバイバルゲームの正解の話し合いにより,個人の意見と集団との合意の調整を通じてコミュニケーションのあり方について考える。
10	6月22日	トラスト・フォール	信頼して後に倒れられるにはどうするか。信頼感形成の原理を考える。
		トラスト・ウォーク	目の不自由な役割の人を non-verbal で一緒に歩いて案内する経験。
		名曲の感情	ポピュラーな曲を聴き,共通感覚による感情の一致をみる。これらの経験を通じて連帯感・相互理解・相互信頼・相互尊重・いたわり・分かち合い・暗黙の了解等を知る。
11	6月29日	Body Work	ガラス拭き;見えない窓ガラスを拭く。ビール・パーティ;皆で見えないコップにビールを注いで飲み合う。氷運び;見えない薄い氷を皆で運ぶ。バケツ・リレー;水の入った見えないバケツを皆で運ぶ。集団縄跳び;最初練習しておいて次に見えない縄を皆で跳ぶ。これらの経験を通じて,「身体は心を伝える」ことや,身体筋肉運動のコミュニケーションのあり方や社会的ルールの暗黙の了解を知る。
12	7月 6日	背文字	ペアーで背に文字を書いて当てる。相手の意図に気づいて受け止める。共感・自己開示・傷つけない・優しさ・いたわり・長所に気づく。
		魔法の箱	箱から取り出した見えない品物を追加しながら順に送る。ユーモア,創造性,サービス・マインド,自己評価のプラス,自信等
13	7月13日	実習の評価と反省	各人の開発された能力の評価のための事後アンケートの実施。
		言葉の花束	お互いに心のこもった言葉をカードに書いて贈り合う。グループ解散時の別れ(授業終了)の儀式(Ending Rite)。

レポート(セッションの評定用紙と感想文)は印象が薄れないようその日の内に記入し,翌週の授業に提出のこと。

対人関係技能促進訓練（SST）の効果測定

§3

質問紙による効果測定

　毎時間の授業で実施する各実習の目標がどの程度達成できているかを，その目標を測定する質問紙で各回ごとに前後差を見るということが必要な訳であるが，SD法で試みてみたこともあるが難しい。1回だけの経験による短時間の効果を測定できる信頼性のある敏感で短時間の前後差で比較できる尺度を作成することは現実的に期待できない。また，毎回前後差を見るために質問紙に記入することは，実習の実施の上でも，時間が制約され，図式的で表面的な意図の理解をもたらし，自発的な経験の深まりを妨害し，させられ体験として不快感をもたらし，楽しさや，感動を抑制してしまう危険性がある。本来，臨床サービスというものと，実験的・比較研究とは両立困難な矛盾した試みなのだが，研究の必要性から工夫がいる。プログラムそのものが継続して実習を積み重ねる方式になっているので，各実習の目標は全体として構想されている効果の下位目標として意味を持ち，また，相互に関連して相乗効果をもたらし，総合された上位の目標達成に貢献する。各実習の体験が総合された上位目標にどのような役割を果たし，効果をもたらしているかの検討は当然必要だが，それ以前に全体として目標とされていることをどの程度達成されているのかを，まず測定しなくてはならない。

　初期の段階でのプログラムは，自己実現人間へと成長する人格成熟促進を目標としていたので，Shostrom（1966）の自己実現測定尺度（POI）を使用して実施の前後差を測定していた（福井，1981）。それによると，主として自己受容，自発性，自尊感情，親密感の増大が見られた。

　それでは，この訓練でどのような対人技能（Social Skills）の向上が期待され，また，達成されているだろうか。ここで取り上げて訓練しようとしている Social Skills はどんなものか，それを訓練するために考えられていたプログラムは適切だろうか。訓練している Social Skills を測定する尺度が作成できるのか，実際に訓練して測定したとき，得点の前後差が見られないとき，訓練の効果が見られなかったのか，測定している尺度が適切でなかったのか，どちらであるかを区別できるのか，また，プログラムは良くても，トレーナーのやり方がまずいのか，訓練を受けている者の学習能力の個人差が大きいのかといった問題がついてまわる。

　そこで，これらの問題を1つずつクリアーしていくのは手数がかかり，当面実施していくのに間に合わないので，今やっているプログラムが意図している Social Skills の訓練効果をもたらしているかを，Social Skills を測っていると思える尺度を施行して，前後差が現れる尺度から逆にどんな Social Skills を訓練しているのかを確証するという方法を採用する。

　したがって，2002年度には Social Skills に関わりがありそうな項目を含んでいる次の既製の尺度を，とりあえずテストバッテリーとした。それらは，加藤・高木（1980）の「情動的共感性尺度」，柿木（1995）の「間人度尺度」，辻（1993）の「他者意識尺度」，岩渕・田中・中里（1982）の「セルフ・モニタリング尺度」，菊池（1988）の「向社会的行動尺度」の5尺度である。それに，対人関係のコミュニケーションに必要な共感性の基盤をなす共通感覚（common sense）を Social Skills の基礎条件と考えているので，中村雄二郎（1979）の『共通感覚論』の叙

述に基づき筆者が作成した「Questionnaire of Sensus Communis」30項目を追加して施行した。

しかしながら，5段階評定の項目ごとの平均値の前後差のt-検定を行って5％以内の有意差が見られたのはそれぞれの尺度の1〜2項目で計8項目に過ぎなかった。これは効果がなかったのか，測定に使用した尺度が適切な項目を含んでいないのか，5段階評定の粗点の平均値の差の検定では測度が鈍感なのか，いずれとも客観的に決定し難い。それで，尺度が不適切だと考え，対人関係コミュニケーションの仕方を叙述した項目を中心にした尺度を構成して質問紙を作成することにした。

SST効果測定調査票（110項目の質問紙）の作成と効果測定

2003年度は前年度のテストバッテリーで有意差のあった8項目を含み，対人関係のあり方をたずねている44項目を選別し，さらに，菊池（1988）の「社会的スキル尺度（KISS 18）」18項目から11項目，星野（2003）の「話し方聞き方の検討」の質問紙20項目から14項目，堀毛（1987）の「人あたりのよさ」の9因子37項目から34項目，Davisの「多次元共感尺度のperspective taking（視点の転換）」7項目を質問紙の項目としてふさわしい表現に適宜修正した66項目とあわせて110項目の質問紙に授業前後に記入するように依頼した。

受講者24名全員の110項目すべての項目ごとに対応のある平均値の差のt-検定を行ったところ，5％の有意水準で差のあったのは8項目だけだった。そこで，10％水準の有意差のあった項目は11項目あり，合計19項目を因子分析してこれらの項目はどのような因子でまとまるかをみた。3項目を除いた16項目では4因子でまとまり，その結果は，第1因子5項目（積極的関わり因子），第2因子4項目（感応力因子），第3因子6項目（伝達技能因子），第4因子4項目（応答性因子）という4因子が抽出され，各因子とも項目合計得点の平均値の前後に0.1％水準の有意差が見られた。このことは訓練により4種の技能に向上が見られたということがいえる。この結果については，福井・軸丸・尾原・倉島（2004）が，日本人間性心理学会第23回大会で報告している。

SSTS質問紙（30項目の質問紙）による効果測定

2004年度は前年度に施行した「SST効果測定調査票」110項目の得点の平均値の前後差が20％以下で有意であった30項目を選出して質問紙「Social Skills Training Scale（SSTS）」（表3-1）を構成した。2004年度の受講者は48名いるが，SSTSを前中後と3回施行し，3回とも記入提出できたものは41名だったので，41名のSSTSの事前テストを因子分析した結果が表3-2である。0.35以上に負荷している項目群からなり，0.35以上他の因子に重複負荷しないように不適切な項目をカットして因子分析すると，24項目で3因子構造が適切と判断された。

因子分析は主因子法でバリマックス回転をした。その結果は表3-2「SSTS 24項目3因子指定回転後の因子分析」に示したとおりである。第1因子は積極的に知らない人にでも気軽に話ができる能力を表現している項目の集合で，「親和的接近」因子と名づける。第2因子は相手を尊重してコミュニケーションしようとする態度や技能を示す項目群で，「他者への配慮」因子とした。第3因子は相手の感情の動きを敏感に察知し，それに応じて適切に対応する姿勢を表現している項目群で「感情的応答」因子といえる。

授業前・中・後それぞれ各因子ごとに項目の粗点を合計し，その因子ごとの得点の平均値を，事前（RS）と中間（OS），中間（OS）と事後（PS），事前（RS）と事後（PS）に対応した差の検定をした結果が，表3-3「3回生実習参加者中SSTS 3因子事前（RS）中間（OS）事後（PS）回答者41名の対応サンプルのt-検定」に示されている。訓練の効果が見られたのは第3因子（感情的応答因子）で事前（RS）と事後（PS）には0.1％の水準で有意差が見られ，事前（RS）と中間（OS）の間には差が見られず，中間（OS）と事後（PS）には5％の有意水準で差が見られた。

「感情的応答」は授業の後半の実習で効果が現れている。第2因子（他者への配慮因子）は同じく中間（OS）と事後（PS）との間に5%水準で有意差が見られ、この種の技能は後半のノン・バーバル・ゲームによる訓練が効果をもたらすといえる。第1因子（親和的接近因子）は事前の得点が高く、事前と事後および事前と中間の間に有意差（0.1%）が見られるほど、中間も事後も得点が減少し、中間と事後の間には差が見られなかった。これは授業開始時に「親和的接近」の技能があると信じていたが、実習によって現実に直面して、その技能が開発されていないことに気がついたが、後半の実習を経ても十分開発されなかったといえる。

表3-1　30項目の質問紙「Social Skill Training Scale」

Social Skills Training Scale　　　番　氏名

次の項目を読んで、今の自分にどの程度あてはまるか、次の基準に従って、数字に〇印をつけてください。
1　ぜんぜんそんなことはない。
2　あまりない。
3　どちらともいえない。
4　よくある。
5　まったくそのとおりだ。

	1	相手の話をまじめな態度で熱心に聞くことができる	1	2	3	4	5
	2	他人の感情によって、自分の行動がいつのまにか影響されている	1	2	3	4	5
※	3	他の人に敬意を表したり、ほめたりしない	1	2	3	4	5
	4	大勢の人の中で一人ぼっちでいる人を見ると話しかける	1	2	3	4	5**
	5	人の考えを絶えず読み取ろうとしている	1	2	3	4	5*
	6	話し合っているとき、相手が話し終わるのを待ってから、それに対する自分の考えを言う	1	2	3	4	5
	7	必要なら相手を立てることができる	1	2	3	4	5
※	8	他の人の立場を無視して、物事を考えてしまう	1	2	3	4	5
※	9	与えられた役割をうまく果たす自信がない	1	2	3	4	5
	10	話し合っているときは、相手の立場に立とうとしている	1	2	3	4	5*
※	11	余計なことを言って相手を傷つけてしまう	1	2	3	4	5**
	12	共同生活を成り立たせるために、親身になって助け合おうとする	1	2	3	4	5
	13	人が冷遇されているのを見ると非常に腹が立つ	1	2	3	4	5
	14	人の気持ちが直感的に伝わってくる	1	2	3	4	5*
※	15	必要なとき以外でも、自分の考えを表に出してしまう	1	2	3	4	5
	16	あなたの言っていることに、相手がどのように反応しているか、相手の表情などに気づこうとする	1	2	3	4	5
※	17	知らない人とは、すぐに会話が始められない	1	2	3	4	5
※	18	人から非難されると、そのことが気になって仕方がない	1	2	3	4	5
※	19	人と話しているとき、言いたいことがうまく言葉になって出て来ない	1	2	3	4	5*
	20	話し合っているとき、相手の視点で物事を見るようにしている	1	2	3	4	5**
	21	初対面の人とも気軽に話ができる	1	2	3	4	5
	22	人の言動には絶えず注意を払っている	1	2	3	4	5*
※	23	ユーモアのある話し方がなかなかできない	1	2	3	4	5
	24	相手の立場を配慮して行動する	1	2	3	4	5***
	25	相手が話そうとしている事柄だけでなく、その背後の深い意味を聞き取ろうとしている	1	2	3	4	5***
	26	だれとでもすぐ仲良くなれる	1	2	3	4	5
	27	身振りや手振りをまじえ、表情豊かに話しができる	1	2	3	4	5
	28	友人からレポート作成や宿題を手伝って欲しいと言われるとことわれない	1	2	3	4	5
※	29	人と共同作業をしていても自分が人から浮いているような気がする	1	2	3	4	5
	30	いろんな場面でどう振る舞っていいか分からないとき、他の人の行動を見てヒントにする	1	2	3	4	5

※印の項目番号は逆転項目　　　* $p<.05$,　** $p<.01$,　*** $p<.001$ の有意水準で事前-事後に有意差のある項目

表3-2 SSTS24項目3因子指定回転後の因子分析 (N=41)

番号	項目	第1因子	第2因子	第3因子	共通性
21	初対面の人とも気軽に話ができる	0.924	-0.033	0.097	0.865
26	だれとでもすぐ仲良くなれる	0.835	0.117	0.038	0.712
※17	知らない人とは，すぐに会話が始められない	0.816	-0.312	0.150	0.786
27	身振りや手振りをまじえ，表情豊かに話しができる	0.644	0.247	0.137	0.495
※23	ユーモアのある話し方がなかなかできない	0.591	0.233	-0.255	0.468
4	大勢の人の中で一人ぼっちでいる人を見ると話しかける	0.396	-0.032	-0.073	0.163
※3	他の人に敬意を表したり，ほめたりしない	0.382	0.175	0.327	0.283
20	話し合っているとき，相手の視点で物事を見るようにしている	0.047	0.805	-0.007	0.650
10	話し合っているときは，相手の立場に立とうとしている	0.006	0.776	-0.082	0.609
24	相手の立場を配慮して行動する	0.063	0.723	0.224	0.577
※11	余計なことを言って相手を傷つけてしまう	-0.025	0.576	0.098	0.342
※8	他の人の立場を無視して，物事を考えてしまう	0.033	0.511	0.312	0.359
1	相手の話をまじめな態度で熱心に聞くことができる	0.008	0.400	0.197	0.199
25	相手が話そうとしている事柄だけでなく，その背後の深い意味を聞き取ろうとしている	0.208	0.399	0.326	0.309
※15	必要なとき以外でも，自分の考えを表に出してしまう	-0.329	0.386	0.110	0.269
12	共同生活を成り立たせるために，親身になって助け合おうとする	0.112	0.385	0.212	0.206
7	必要なら相手を立てることができる	0.177	0.231	0.668	0.531
16	あなたの言っていることに，相手がどのように反応しているか，相手の表情などに気づこうとする	-0.095	0.058	0.579	0.348
22	人の言動には絶えず注意を払っている	-0.028	0.146	0.575	0.353
※19	人と話しているとき，言いたいことがうまく言葉になって出て来ない	0.045	0.236	0.500	0.307
14	人の気持ちが直感的に伝わってくる	0.238	0.055	0.464	0.275
5	人の考えを絶えず読み取ろうとしている	-0.035	0.114	0.444	0.212
13	人が冷遇されているのを見ると非常に腹が立つ	0.004	-0.031	0.410	0.169
6	話し合っているとき，相手が話し終わるのを待ってから，それに対する自分の考えを言う	-0.236	0.146	0.390	0.229
	固有値	5.058	3.787	2.407	
	負荷量平方和（累積%）	15.055	29.275	40.485	

※印の項目番号は逆転項目

表3-3 3回生実習参加者中SSTS 3因子事前（RS）中間（OS）事後（PS）回答者41名の対応サンプルのt-検定

組合せ因子	平均値	標準偏差	因子	平均値	標準偏差	差の平均値	標準偏差	t値	自由度	有意確率(両側)
ペア1 RS Ⅰ因子	(23.195	4.941)	-OS Ⅰ因子	(20.829	2.178)	2.366	5.113	2.963	40	0.0051**
ペア2 OS Ⅰ因子	(20.829	2.178)	-PS Ⅰ因子	(20.976	2.067)	-0.146	2.265	-0.414	40	0.6812
ペア3 RS Ⅰ因子	(23.195	4.941)	-PS Ⅰ因子	(20.976	2.067)	2.220	4.475	3.176	40	0.0029**
ペア4 RS Ⅱ因子	(31.024	4.458)	-OS Ⅱ因子	(30.902	3.200)	0.122	4.112	0.190	40	0.8504
ペア5 OS Ⅱ因子	(30.902	3.200)	-PS Ⅱ因子	(32.000	2.655)	-1.098	2.931	-2.398	40	0.0213*
ペア6 RS Ⅱ因子	(31.024	4.458)	-PS Ⅱ因子	(32.000	2.655)	-0.976	3.732	-1.674	40	0.1019
ペア7 RS Ⅲ因子	(28.122	3.887)	-OS Ⅲ因子	(29.049	2.881)	-0.927	3.431	-1.730	40	0.0914
ペア8 OS Ⅲ因子	(29.049	2.881)	-PS Ⅲ因子	(30.244	3.292)	-1.195	3.002	-2.549	40	0.0147*
ペア9 RS Ⅲ因子	(28.122	3.887)	-PS Ⅲ因子	(30.244	3.292)	-2.122	3.579	-3.796	40	0.0005***

有意水準 * $p<.05$, ** $p<.01$, *** $p<.001$

表3-4 1回生授業のみ参加の対照群SSTS 3因子中間（OS）事後（PS）回答者97名の対応サンプルのt-検定

組合せ因子	平均値	標準偏差	因子	平均値	標準偏差	差の平均値	標準偏差	t値	自由度	有意確率(両側)
ペア2 OS Ⅰ因子	(22.608	5.153)	-PS Ⅰ因子	(22.454	5.060)	0.155	2.514	-0.414	96	0.5460
ペア5 OS Ⅱ因子	(31.515	3.803)	-PS Ⅱ因子	(31.206	3.802)	0.309	3.015	-2.398	96	0.3149
ペア8 OS Ⅲ因子	(28.371	3.927)	-PS Ⅲ因子	(27.835	3.496)	0.536	2.969	-2.549	96	0.0785

SSTSの回答を求めたのは，実施プログラム一覧の2004年度版から分かるとおり，事前テストは第1回（4月13日），事後テストは最終の第13回（7月13日）であり，中間テストは第9回（6月15日）であった。2004年度は訓練の必要性を自覚するセッションとして，第1回～第3回で自己診断を行い，第4回から実質的な訓練のプログラムを10回重ねることになるので，中間テストはちょうどその真ん中で，後半は主としてノン・バーバル・ゲームによる訓練になっている。ちょうど本年は修士論文の研究の他のプロジェクトの事前・事後調査が同時期に施行されたので，同時にSSTSを平行して記入してもらった。これは1回生の心理学の授業でその開始前の時間に協力願った。中間テストは6月21日，事後テストは7月12日に実施した。記名で事前・事後両方に記入してくれた人数は97名であった。実習参加群と同様，このコントロール群の第1因子，第2因子，第3因子それぞれの項目群の得点の平均値を，中間（OS），事後（PS）の対応ある差の検定を行ったところ，表3-4「1回生授業のみ参加の対照群SSTS3因子中間（OS）事後（PS）回答者97名の対応サンプルの t-検定」に示されているとおり，どれにも有意差は見られなかった。このことは少なくとも実習参加群の中間（OS）得点と事後（PS）得点との差は実習の効果による差といえる。

　さらに，実習参加群の事前と事後の差を項目レベルで見ると，30項目中，事前（RS）と事後（PS）の得点の平均値に差が見られたのは次の10項目（表3-1の項目欄右端に*で有意水準標示してある）であった。0.1％で差が見られたのは，「24.相手の立場を配慮して行動する」と「25.相手が話そうとしている事柄だけでなく，その背後の深い意味を聞き取ろうとしている」の2項目であり，1％で有意差があったのは「4.大勢の人の中で一人ぼっちでいる人を見ると話しかける」「11.余計なことを言って相手を傷つけてしまう（逆転項目）」「20.話し合っているとき，相手の視点で物事を見るようにしている」である。5％水準で有意差のあるのは「5.人の考えを絶えず読み取ろうとしている」「10.話し合っているときは，相手の立場に立とうとしている」「14.人の気持ちが直感的に伝わってくる」「19.人と話しているとき，言いたいことがうまく言葉になって出て来ない（逆転項目）」「22.人の言動には絶えず注意を払っている」である。

　それぞれの項目で表現されている内容はSocial Skillsそのもの，またはその結果の能力を示しており，これらの技能が習得されたといえるのである。

参考文献

福井康之　（1981）　人格成熟促進のための授業として試みたグループ体験学習の検討（佐治守夫・村上英治・福井康之（編）『グループ・アプローチの展開』　誠信書房　124-154.）

福井康之　（2005）　生徒指導（心の教育）に生かす教育相談　新しい時代の人間形成にソーシアル・スキルズ・トレーニングのアイデアを採り入れた学校教育を　月間学校教育相談（全国学校教育相談研究会第39回大会特集号）1月増刊号　76-81.

福井康之・軸丸清子・尾原喜美子・倉島さやか　（2004）　対人関係を促進できる能力の開発体験学習の効果測定に関する研究　日本人間性心理学会第23回大会発表論文集　92-93.

星野欣生　（2003）　人間関係づくりトレーニング　金子書房　54-57.

堀毛一也　（1994）　人あたりの良さ尺度（菊池章夫・堀毛一也編著「社会的スキルの心理学―100のリストとその理論」　川島書店　168-176.）

岩淵千明・田中国夫・中里浩明　（1982）　セルフモニタリング尺度に関する研究　心理学研究, **53**, 54-57.

柿本敏克　（1995）　内集団バイアスに影響を及ぼす個人差要因　社会心理学研究, **11**, 94-110.

加藤隆勝・高木秀明　（1980）　青年期における情熱的共感性の特質　筑波大学心理学研究, **2**, 33-42.

菊池章夫　（1988）　思いやりを科学する―向社会的行動の心理とスキル　川島書店

中村雄二郎　（1979）　共通感覚論　岩波書店

Shostrom,E.L. （1966） *Manual for the Personal Orientation Inventory.* San Diego, CA: Educational and Industrial Testing Service.

辻平治郎　（1993）　自己意識と他者意識　北大路書房

§4

対人関係促進技能修得実習実施一覧

Ⅰ．大学の授業として実施したもの

1．愛媛大学教育学部
1977年後期 「青年期の諸問題」 11回実施 23名参加 全出席 10名
①11/11 Orientation, 印象ゲーム ②11/18 印象推測 ③11/25 的あて ④12/2 ミップ・ウォー, 強制自己選択 ⑤12/9 スリー・テン, 若い女性と水夫 ⑥12/16 無言動作 ⑦12/23 私がしたい20のことがら, 私の旗印 ⑧1/13 傾聴（紙上応答練習・ペアーで応答練習） ⑨1/20 No Yes-No, 有名人当て ⑩2/3 Me-Real.me（1） ⑪2/17 Me-Real.me（2）

1978年前期 「臨床心理学演習」 12回実施 15名参加 全出席 3名
①4/15 Orientation, 他己紹介 ②4/22 印象ゲーム ③5/12 的あて ④5/19 あれか・これか ⑤5/26 印象推測 ⑥6/2 NASA ⑦6/9 スリー・テン ⑧6/16 若い女性と水夫 ⑨6/23 協力ゲーム ⑩6/30 ミップ・ウォー, 私の旗印 【夏期休暇】 ⑪9/22 聴かないロールプレー ⑫9/29 トラスト・ウォーク, 2人で絵を描く

1978年後期 「青年期の諸問題」 12回実施 21名参加 全出席 10名
①11/7 Orientation, 印象推測 ②11/14 的あて ③11/21 NASA ④11/28 私がしたい20のことがら ⑤12/5 印象ゲーム ⑥12/12 2人で絵を描く ⑦12/19 スリー・テン ⑧1/16 協力ゲーム ⑨1/23 傾聴（紙上応答練習・ペアーで応答練習） ⑩1/30 聴かないロールプレー, 図形伝達（一方通行） ⑪2/6 無言動作 ⑫2/13 若い女性と水夫
※2/25（日）コンパ出席者14名

1979年前期 「臨床心理学演習」 14回実施 11名参加 全出席 3名
①4/13 Orientation, 印象推測, 印象ゲーム ②4/20 的あて ③4/27 私がしたい20のことがら ④5/4 私の旗印 ⑤5/11 傾聴（紙上応答練習） ⑥5/18 傾聴（ペアーで応答練習） ⑦5/25 他己紹介, 聴かないロールプレー ⑧6/1 NASA ⑨6/8 スリー・テン, ジョハリの窓解説 ⑩6/15 2人で絵を描く ⑪6/22 協力ゲーム ⑫6/29 目の不自由な人と看護人 【夏期休暇】 ⑬9/7 エンカウンター・グループ（1） ⑭9/14 エンカウンター・グループ（2）

1979年後期 「青年期の諸問題」 11回実施 17名参加 全出席 2名（POI前後実施資料あり）
①11/12 Orientation, 印象ゲーム ②11/19 的あて ③11/26 NASA ④12/3 ミップ・ウォー, 私の旗印 ⑤12/10 スリー・テン ⑥12/17 私がしたい20のことがら ⑦12/24 Me-Real.me ⑧1/14 傾聴（紙上応答練習） ⑨1/21 傾聴（ペアーで応答練習） ⑩1/28 協力ゲーム ⑪2/4

2人で絵を描く

1980 年前期　「臨床心理学演習」　11 回実施　8 名参加　全出席　4 名（後半をゼミ形式で実施）
① 4/18 Orientation, 印象推測　② 4/25 印象ゲーム　③ 5/9 印象評定　④ 5/16 私がしたい 20 のことがら　⑤ 5/23 自分を表す絵を描く　⑥ 5/30 マイクロ・ラボ (1)　⑦ 6/6 マイクロ・ラボ (2)　⑧ 6/13 マイクロ・ラボ (3)　⑨ 6/20 マイクロ・ラボ (4)　⑩ 6/27 マイクロ・ラボ (5)　⑪ 7/4 マイクロ・ラボ (6)

1980 年後期　「青年期の諸問題」　11 回実施　43 名参加　全出席　17 名（11/12 大学祭のため休講）
① 11/5 Orientation, 的あて　② 11/19 印象推測　③ 11/26 NASA　④ 12/3 ポーカーピヨン虫, ミップ・ウォー　⑤ 12/10 スリー・テン　⑥ 12/17 名前取り, トラスト・フォール, トラスト・ウォーク　⑦ 12/24 私の旗印　⑧ 1/14 2 人で絵を描く　⑨ 1/21 Ｅ Ｉ 社　⑩ 1/28 協力ゲーム, 図形伝達（一方通行）　⑪ 2/4 青年の人生目標

1981 年後期　「青年期の諸問題」　12 回実施　36 名参加　全出席　17 名（11/12 大学祭のため休講）
① 11/5 Orientation, 的あて　② 11/19 NASA　③ 11/26 ポーカーピヨン虫, 身体動作　④ 12/3 トラスト・フォール, トラスト・ウォーク, 無言動作　⑤ 12/10 Ｅ Ｉ 社　⑥ 12/17 108 便　⑦ 12/24 自分を表す絵を描く　⑧ 1/14 2 人で絵を描く　⑨ 1/21 協力ゲーム　⑩ 1/28 強制自己選択　⑪ 2/4 全員に印象ラブレター　⑫ 2/18 若い女性と水夫

1982 年前期　「教育臨床心理学」　14 回実施　28 名参加　全出席　17 名
① 4/13 Orientation, 的あて　② 4/20 NASA　③ 4/27 Ｅ Ｉ 社　④ 5/4 ポーカーピヨン虫, 休日の過ごし方, 印象推測　⑤ 5/11 強制自己選択　⑥ 5/18 トラスト・フォール, トラスト・ウォーク, 無言動作　⑦ 5/25 協力ゲーム　⑧ 6/1 2 人で絵を描く　⑨ 6/8 私がしたい 20 のことがら　⑩ 6/15 私の旗印　⑪ 6/22 スリー・テン　⑫ 6/29 108 便　⑬ 7/6 シャーロック　⑭ 7/13 目の不自由な人と看護人

1983 年前期　「教育臨床心理学」　11 回実施　48 名参加　全出席　19 名
① 4/15 Orientation, 的あて　② 4/22 NASA　③ 5/13 海で遭難した時　④ 5/20 ポーカーピヨン虫　⑤ 5/27 身体動作, 無言動作　⑥ 6/3 トラスト・フォール, トラスト・ウォーク　⑦ 6/10 ハナブサ・フィギュアー　⑧ 6/17 4 人で絵を描く　⑨ 6/24 スリー・テン　⑩ 7/1 特急路線　⑪ 7/8 強制自己選択, 全員に印象ラブレター

1984 年前期　「教育臨床心理学」　14 回実施　48 名参加　全出席　14 名（助手青野先生）
① 4/12 Orientation, 的あて　② 4/19 NASA　③ 4/26 Ｅ Ｉ 社　④ 5/10 トラスト・フォール, トラスト・ウォーク　⑤ 5/17 2 人で絵を描く　⑥ 5/24 ハナブサ・フィギュアー　⑦ 5/31 あれかこれか　⑧ 6/7 立ち聞き　⑨ 6/14 トラスト・フォール, 無言動作　⑩ 6/21 殺し屋, 魔法の箱　⑪ 6/28 他己紹介　⑫ 7/5 危機からの脱出　⑬ 7/12 オオム返し, 確認して傾聴　⑭ 7/19 言葉の花束

1985年前期 「教育臨床心理学」 14回実施 50名参加 全出席 18名（NVG：Non-Verbal Game）
①4/16 Orientation, 的あて ②4/23 NASA ③4/30 ＥＩ社 ④5/7 スリー・テン，トラスト・フォール，トラスト・ウォーク ⑤5/14 NVG-Ⅰ トラスト・フォール，トラスト・ウォーク ⑥5/21 2人で絵を描く ⑦5/28 ハナブサ・フィギュアー ⑧6/4 図形伝達（一方通行），今までの実習の振り返り ⑨6/11 NVG-Ⅱ 無言動作 ⑩6/18 NVG-Ⅲ 身体動作 ⑪6/25 NVG-Ⅳ 話しかけ ⑫7/2 NVG-Ⅴ イメージ縄跳び・ボール投げ ⑬7/9 NVG-Ⅵ 綱引き，飲む，切る ⑭7/16 言葉の花束

1986年年度
文部省在外研究員としてL.A.Gestalt Therapy Instituteへ10カ月留学のため開講できず。

1987年前期 「教育臨床心理学」 14回実施 13名参加 全出席 5名
①4/13 Orientation, 的あて ②4/20 印象ゲーム ③4/27 2人で絵を描く ④5/11 NVG-Ⅰ 自分の感情に気づく ⑤5/18 NVG-Ⅱ 身体動作，トラスト・ウォーク ⑥5/25 NVG-Ⅲ 飲む，運ぶ，ボール遊び ⑦6/1 NVG-Ⅳ 呼びかけ ⑧6/8 感情の理解（紙上応答），殺し屋 ⑨6/15 感情の反射（紙上応答） ⑩6/22 感情の反射（テープ） ⑪6/29 ハナブサ・フィギュアー ⑫7/6 ＥＩ社 ⑬7/13 危機からの脱出 ⑭7/20 GIFT（各人に贈り物の目録を渡す）

1988年前期 「教育臨床心理学」 13回実施 20名参加 全出席 8名
①4/18 Orientation, 的あて ②4/25 2人で絵を描く ③5/9 好き・嫌い，魔法の箱，印象ゲーム ④5/16 図形伝達（一方通行），私の旗印 ⑤5/23 表情識別訓練 ⑥5/30 NVG-Ⅰ 身体動作，トラスト・フォール，トラスト・ウォーク ⑦6/6 NVG-Ⅱ 見る，運ぶ，綱引き ⑧6/13 NVG-Ⅲ 背文字，呼びかけ ⑨6/20 ブロック・パズル，ハナブサ・フィギュアー ⑩6/27 危機からの脱出 ⑪7/4 ＥＩ社，ポーカーピヨン虫 ⑫7/11 NASA, Murphy's Law（グループで話し合う） ⑬7/18 言葉の花束

1989年前期 「教育臨床心理学」 13回実施 19名参加 全出席 6名
①4/17 Orientation, 的あて ②4/24 他己紹介，印象ゲーム ③5/8 ミップ・ウォー，ポーカーピヨン虫，ＥＩ社 ④5/15 2人で絵を描く ⑤5/22 NASA ⑥5/29 タコタコ・タヌキ，名前取り，トラスト・フォール，トラスト・ウォーク ⑦6/5 Body Work ⑧6/12 呼びかけ ⑨6/19 魔法の箱，名曲の感情 ⑩6/26 ハナブサ・フィギュアー ⑪7/3 危機からの脱出 ⑫7/10 おもしろ村 ⑬7/17 目の不自由な人と看護人

1990年前期 「教育臨床心理学」 14回実施 27名参加 全出席 5名 受講登録者37名
①4/13 Orientation, 的あて ②4/20 ミップ・ウォー，ポーカーピヨン虫 ③4/27 2人で絵を描く ④5/11 NASA ⑤5/18 ドット，ピザパイ，ＥＩ社 ⑥5/25 NVG-Ⅰ 身体動作，トラスト・フォール，トラスト・ウォーク ⑦6/1 自分に出会う・他者に出会う（竹内レッスン・ビデオ） ⑧6/8 12人の怒れる男Ⅰ ⑨6/15 12人の怒れる男Ⅱ ⑩6/22 NVG-Ⅱ Body Work ⑪6/29 NVG-Ⅲ 呼びかけ ⑫7/6 ハナブサ・フィギュアー ⑬7/13 NVG-Ⅳ 絵による伝達，背文字，名曲の感情 ⑭7/20 魔法の箱，全員に印象ラブレター

1991年前期 「教育臨床心理学」 12回実施 24名参加 全出席 7名
①4/15 Orientation, 的あて ②4/22 NASA ③5/13 2人で絵を描く ④5/20 ハナブサ・フ

ィギュアー　⑤5/27 NVG-Ⅰ　身体動作，トラスト・フォール，トラスト・ウォーク　⑥6/3 NVG-Ⅱ　Body WorkⅠ　⑦6/10 NVG-Ⅲ　背文字　⑧6/17 危機からの脱出　⑨6/24 魔法の箱，印象ゲーム　⑩7/1 NVG-Ⅳ　Body WorkⅡ（撮影したヴィディオを見る）　⑪7/8 12人の怒れる男Ⅰ　⑫7/15 12人の怒れる男Ⅱ

1992年前期　「教育臨床心理学」　14回実施　17名参加　全出席　5名
①4/17 Orientation，的あて　②4/24 ＥＩ社，ポーカーピヨン虫　③5/1 2人で絵を描く　④5/8 危機からの脱出　⑤5/15 NVG-Ⅰ　タコタコ・タヌキ，名前取り，トラスト・フォール，トラスト・ウォーク　⑥5/22 NVG-Ⅱ　Body WorkⅠ　⑦5/29 NVG-Ⅲ　Body WorkⅡ　⑧6/5 NVG-Ⅳ　背文字，魔法の箱　⑨6/12 ハナブサ・フィギュアー　⑩6/19 NVG-Ⅴ　Body Workの撮影したヴィディオを見る　⑪6/26 12人の怒れる男Ⅰ　⑫7/3 12人の怒れる男Ⅱ　⑬7/10 印象ゲーム　⑭7/17 GIFT（各人に贈り物の目録を渡す）

1993年前期　「教育臨床心理学」　12回実施　58名参加　全出席　31名（月曜4限）
①4/19 Orientation，的あて　②4/26 砂漠で遭難　③5/10 ポーカーピヨン虫　④5/17 危機からの脱出　⑤5/24 NVG-Ⅰ　タコタコ・タヌキ，名前取り，トラスト・ウォーク　⑥6/7 NVG-Ⅱ　トラスト・フォール，縄跳び　⑦6/14 NVG-Ⅲ　背文字　⑧6/21 NVG-Ⅳ　ガラス拭き，水飲み，ビール注ぎ　⑨6/28 ハナブサ・フィギュアー　⑩7/5 若い女性と水夫　⑪7/12 2人で絵を描く（2回生）　⑫7/19 印象ゲーム（2回生）　⑬9/13 2人で絵を描く（3回生）　⑭9/20 全員に印象ラブレター（3回生）

1994年前期　「教育臨床心理学」　13回実施　46名参加（院生1名を含む）　全出席　9名
（金曜2限2回生対象）
①4/15 Orientation，的あて　②4/22 ポーカーピヨン虫　③5/6 砂漠で遭難　④5/13 NVG-Ⅰ　タコタコ・タヌキ，トラスト・ウォーク　⑤5/20 NVG-Ⅱ　名前取り，ボール遊び，縄跳び　⑥5/27 NVG-Ⅲ　ガラス拭き，水飲み，ビール注ぎ　⑦6/3 ハナブサ・フィギュアー　⑧6/10 2人で絵を描く　⑨6/17 印象ゲーム　⑩6/24 ＥＩ社　⑪7/1 名曲の感情　⑫7/8 宙文字，背文字　⑬9/9 魔法の箱

1995年前期　「教育臨床心理学」　14回実施　52名参加　全出席　11名
①4/18 Orientation，的あて　②4/25 ポーカーピヨン虫　③5/2 NASA　④5/9 NVG-Ⅰ　タコタコ・タヌキ，トラスト・フォール，トラスト・ウォーク　⑤5/16 NVG-Ⅱ　名前取り，ガラス拭き　⑥5/23 NVG-Ⅲ　コップの水飲み，大縄跳び　⑦5/30 ハナブサ・フィギュアー　⑧6/6 2人で絵を描く　⑨6/13 危機からの脱出　⑩6/20 砂漠で遭難　⑪6/27 ＥＩ社　⑫7/4 名曲の感情　⑬7/11 詩歌によるイメージ訓練　⑭7/18 言葉の花束

2. 神戸女子大学文学部教育学科
2001年前期　「臨床心理学Ⅰ」　13回実施　33名参加　全出席　1名（6/12 学生集会のため休講　火曜3限）実施の概要は§2　58ページ参照

2002年前期　「臨床心理学Ⅰ」　14回実施　35名参加　全出席　4名（公欠以外全出席12名　火曜3限）実施の概要は§2　57, 58ページ参照

2003 年前期 「臨床心理学 Ⅰ」 12 回実施　24 名参加　全出席　9 名（火曜 3 限）　実施の概要は §2　57, 59 ページ参照

2004 年前期 「臨床心理学 Ⅰ」 13 回実施　48 名参加　全出席 14 名（火曜 3 限）　実施の概要は §2　57, 60 ページ参照

Ⅱ．大学公開講座として社会人対象に実施したもの

　1978 年～1982 年の 5 年間，9 月初旬～12 月末の 4 カ月間，毎週金曜日午後 6 時半～8 時半，15 回 30 時間，「自己実現のための体験学習講座」を開設。定員 20 名。
　プログラム：知り合うためのゲーム・対人コミュニケーション技法・傾聴の技法・価値明確化実習・コンセンサス実習・無言動作実習・ロールプレイング・etc.
　1983 年以降は 1 泊 2 日のマラソン・エンカウンター・グループおよび 2 泊 3 日のゼネラル・エンカウンター・グループを実施している。

Ⅲ．医学部附属病院看護部リーダー研修として実施したもの

　1979 年～1998 年の約 20 年間，毎年 6 月か 7 月の土・日曜連続して午前 9 時から午後 5 時までの 2 日間，看護部教育委員会担当の採用後 3 年目の職場研修として恒例化していた。毎年委員会役員と前年度のスケジュールの見直しによる修正と実施打ち合わせをした。参加者は例年 30 名前後であり，内容は上述の授業や公開講座のものをアレンジしたものだが，2 日間の連続集中した研修会の形式になっており，プログラムの配列と内容は毎年変更されている。参考に 1996 年度のプログラムを転載する。

1996 年度　愛媛大学医学部附属病院看護部　リーダー研修Ⅰ　プログラム

研修の目的：相手の身になって感じとり考え，積極的，自発的に取り組み，自分で判断できるようになる。
　　　　　　気持ちよく協力して，楽しく仕事をやって行くには，自分がどうしたらよいかに気づく。

	7 月 6 日（土）	7 月 7 日（日）
9：00	集合 オリエンテーション	集合
9：15	的あて（7 人×5 G）	スープ飲み
10：00	ポーカーピヨン虫（7 人×5 G）	休憩
10：30	休憩	危機からの脱出（7 人×5 G）
10：45	2 人で絵を画く	
12：00	昼食	昼食
13：00	ノンバーバル・ゲーム 　タコタコ・タヌキ 　5 人・3 人 　背中で伝える 　トラスト・フォール 　トラスト・ウォーク	ハナブサ（協力ゲーム）（6 人×6 G）

時間		
14:30	（フィードバック） イメージ縄跳び	コーヒー・ブレイク
15:00	コーヒー・ブレイク	魔法の箱（12人×3G）
15:30	シナジー・ゲーム（7人×5G）	
15:45	（トランプカード5組） お楽しみ協力ゲーム（全員）	言葉の花束（全員）
16:30		アンケート（全員）
17:00	翌日まで休憩	解散

　同様のプログラムで，市民病院の看護師や依頼されて他の病院の看護師の研修を実施している。特に県看護協会の研修会にエンカウンター・グループを定例的に導入する以前に，この種のSSTによる研修会を1980年度から数年間依頼され実施していた。

Ⅳ．県教育センター主催の現職教員研修として実施したもの

　県教育センター主催で教育相談・生徒指導担当教員養成講座が開かれていて，講演を頼まれていたが，講義より実習の方を受講者も歓迎するという要望から，SSTの紹介をしたところ，意外に好評で，筆者が依頼された研修会はいつの間にかSSTのプログラムによる研修が定例化してしまった。これはカウンセラー養成講座の初級入門コースといった1日または2日のプログラムで，中級・上級コースのロールプレイやエンカウンター・グループの実習に先行する位置付けになっていた。評判を聞き付けて隣県の教育委員会の研修にも毎年夏期休暇の時期には招待されるようになり，近隣の教育センター主催の研修にはSSTが教員研修の1部として組み込まれるようになった。

　さらに，輪番で夏期休暇に開催される「社会教育主事講習」が筆者が所属する大学で開かれると，SSTの技法の紹介が講習に組み込まれ，お互いに早く知り合う機会にもなると，講習の始めに依頼を受けて実施した。2回だけだがその1回分のプログラムを参考に転載しておく。

平成10年度　鳴門教育大学社会教育主事講習

[社会教育演習] 人間関係促進演習　担当　福井康之・山下一夫　7月21日　12:50～18:00

12:50～13:00	「はじめに」感受性訓練を目的として実施される構成的エンカウンター・グループの技法は人間関係を促進し，自他への気づき等をもたらす様々な能力の開発が期待される。ここでは講習に先立ち受講者同士が相互に理解し合い，親しくなることに焦点を絞り，実地に活用できるアイス・ブレイキング（緊張解消・息抜き・気分転換）ゲームを紹介することを主な目的とする。
13:00～13:15	「タコタコタヌキ」2列に向かい合い右手を差し出し，合図により相手の手を叩く。→軽い身体接触により親密感をもたらし，出会いの挨拶とする。
13:15～13:30	「名前とり」ジャンケンして勝てば相手の名を自分の紙に書いてもらう。制限時間内に取れた名前の数を競う。→適度の運動による緊張解消と名前と顔を憶えるウオーミング・アップ
13:30～13:45	「ムカデ」ジャンケンして勝った方の後ろにつながりムカデになって歩き，列を作る。→任意のグループ作り
13:45～14:15	「名前まわし」輪になって座り，順に隣の人の名前を付け足して自分の名前を言って，隣へ回す。→グループ・メンバーの顔と名前を憶える
14:15～14:35	「掛け声につられるな」リーダーがグループの輪のなかで"さあ，…しよう"と掛け声を掛け，皆が一斉にする。"さあ"がないときはつられてしない。→笑いによるリラックス 「顔文字あて」メンバーが順に顔を動かして簡単な文字を書き，皆で当てる。→笑いによるリラックス

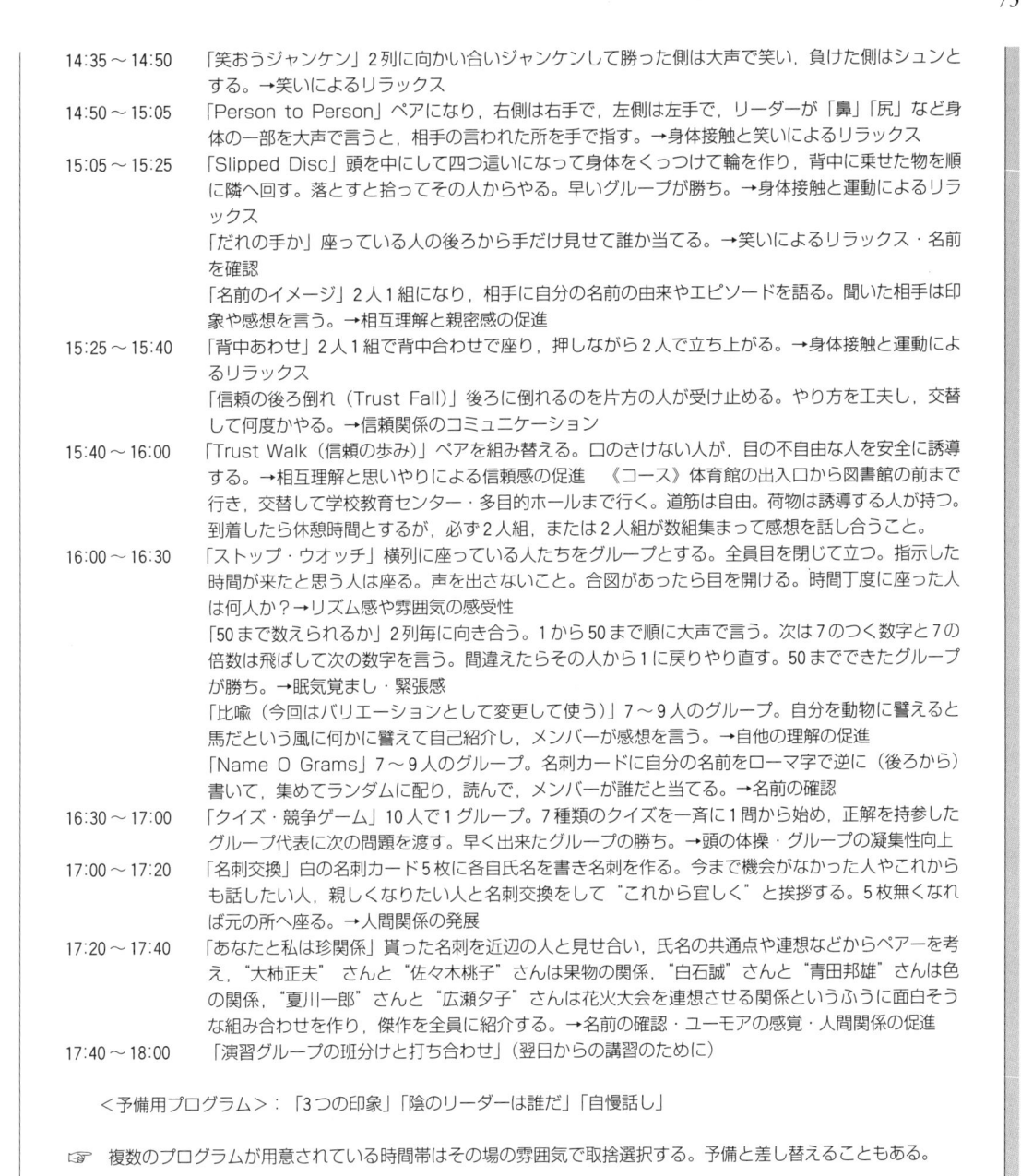

14:35～14:50	「笑おうジャンケン」2列に向かい合いジャンケンして勝った側は大声で笑い，負けた側はシュンとする。→笑いによるリラックス
14:50～15:05	「Person to Person」ペアになり，右側は右手で，左側は左手で，リーダーが「鼻」「尻」など身体の一部を大声で言うと，相手の言われた所を手で指す。→身体接触と笑いによるリラックス
15:05～15:25	「Slipped Disc」頭を中にして四つ這いになって身体をくっつけて輪を作り，背中に乗せた物を順に隣へ回す。落とすと拾ってその人からやる。早いグループが勝ち。→身体接触と運動によるリラックス
	「だれの手か」座っている人の後ろから手だけ見せて誰か当てる。→笑いによるリラックス・名前を確認
	「名前のイメージ」2人1組になり，相手に自分の名前の由来やエピソードを語る。聞いた相手は印象や感想を言う。→相互理解と親密感の促進
15:25～15:40	「背中あわせ」2人1組で背中合わせで座り，押しながら2人で立ち上がる。→身体接触と運動によるリラックス
	「信頼の後ろ倒れ（Trust Fall）」後ろに倒れるのを片方の人が受け止める。やり方を工夫し，交替して何度かやる。→信頼関係のコミュニケーション
15:40～16:00	「Trust Walk（信頼の歩み）」ペアを組み替える。口のきけない人が，目の不自由な人を安全に誘導する。→相互理解と思いやりによる信頼感の促進 《コース》体育館の出入口から図書館の前まで行き，交替して学校教育センター・多目的ホールまで行く。道筋は自由。荷物は誘導する人が持つ。到着したら休憩時間とするが，必ず2人組，または2人組が数組集まって感想を話し合うこと。
16:00～16:30	「ストップ・ウオッチ」横列に座っている人たちをグループとする。全員目を閉じて立つ。指示した時間が来たと思う人は座る。声を出さないこと。合図があったら目を開ける。時間丁度に座った人は何人か？→リズム感や雰囲気の感受性
	「50まで数えられるか」2列毎に向き合う。1から50まで順に大声で言う。次は7のつく数字と7の倍数は飛ばして次の数字を言う。間違えたらその人から1に戻りやり直す。50までできたグループが勝ち。→眠気覚まし・緊張感
	「比喩（今回はバリエーションとして変更して使う）」7～9人のグループ。自分を動物に譬えると馬だという風に何かに譬えて自己紹介し，メンバーが感想を言う。→自他の理解の促進
	「Name O Grams」7～9人のグループ。名刺カードに自分の名前をローマ字で逆に（後ろから）書いて，集めてランダムに配り，読んで，メンバーが誰だと当てる。→名前の確認
16:30～17:00	「クイズ・競争ゲーム」10人で1グループ。7種類のクイズを一斉に1問から始め，正解を持参したグループ代表に次の問題を渡す。早く出来たグループの勝ち。→頭の体操・グループの凝集性向上
17:00～17:20	「名刺交換」白の名刺カード5枚に各自氏名を書き名刺を作る。今まで機会がなかった人やこれからも話したい人，親しくなりたい人と名刺交換をして"これから宜しく"と挨拶する。5枚無くなれば元の所へ座る。→人間関係の発展
17:20～17:40	「あなたと私は珍関係」貰った名刺を近辺の人と見せ合い，氏名の共通点や連想などからペアーを考え，"大柿正夫"さんと"佐々木桃子"さんは果物の関係，"白石誠"さんと"青田邦雄"さんは色の関係，"夏川一郎"さんと"広瀬夕子"さんは花火大会を連想させる関係というふうに面白そうな組み合わせを作り，傑作を全員に紹介する。→名前の確認・ユーモアの感覚・人間関係の促進
17:40～18:00	「演習グループの班分けと打ち合わせ」（翌日からの講習のために）

＜予備用プログラム＞：「3つの印象」「陰のリーダーは誰だ」「自慢話し」

☞ 複数のプログラムが用意されている時間帯はその場の雰囲気で取捨選択する。予備と差し替えることもある。

振り返ってみれば，およそこの30有余年間に，エンカウンター・グループの主催と同様，SSTによる授業と研修会を随分と実施してきたものである。

§5 SSTの実習課題の解説と出典一覧

コミュニケーション訓練

的あて：課題用紙を読み，得られた情報に基づいて話し合い，制限時間内で得点を競う。初対面の人との会話の始め方や，話下手の人が会話の取っかかりをつかむコツを学べる。プログラムの最初に使うと良い。COD Ⅰ 12 90-98「的あて」・CHR Ⅴ 7 201-224「的あて」

No Yes-No：ペアーで「はい・いいえ」のどちらかだけでしか答えられない会話をしないという原則を守ってどれだけ話し続けられるか試みて，コミュニケーションのあり方を検討する。F. J. MacHovec. *Awareness and Sensitivity; Exercises and Techniques.* Peter Pauper, 1974.

聴かないロールプレー：話を熱心に聴かない役割と相談に行く人の役割でロールプレーをして感想を話し合う。COD Ⅱ 214-220「聴かないロールプレー」

傾聴（紙上応答練習）：印刷してあるクライエントの発言を読んで，要約反射を記入する。鑪幹八郎　「紙上練習法」（倉石精一　『臨床心理学実習』　誠信書房　1973　pp.211-217.）

傾聴（ペアーで応答練習）：クライエント役が短文を読み，カウンセラー役が口頭で要約反射する。鑪幹八郎　「聴取練習法」（倉石精一　『臨床心理学実習』　誠信書房　1973　pp.217-225.）

気持ちのいいコミュニケーション：ペアーで会話を始める前に双方がそれぞれどのような話題が良いかを紙に書いて相手に渡す。会話は書かれていること以外には触れない。相手が話したいと思うことだけを話すことが気持ちのいい会話だということに気づく。（著者のオリジナル）

感情に基づくコミュニケーション：「感情シグナルを発信するとき」と「感情シグナルに反応する」のチェック・リストを記入し自己診断する。J. M. Gottman & J. DeClair 著・伊藤和子訳　「感情シグナルがわかる心理学」　ダイヤモンド社　2004　pp.76-85.

対人関係の自己診断：対人関係のパタンを簡単な投影法テストで自己診断する。「あなたの対人能力は」（G.ダビデ研究所・マインドクリエイション・富田　隆著『自分のこと知りたい─性格診断テスト』マガジンハウス　1992　pp.26-27.）

非言語コミュニケーション

協力ゲーム：正方形を分割した紙片を，分割した人数分ランダムに割り当て，無言で交換して原型に戻すまでの早さをグループ間で競う。COD Ⅰ 21 168-178「協力ゲーム」・CHR Ⅱ 10 219-244「協力ゲーム」

ハナブサ・フィギュアーズ：花房氏考案の分割紙片を人数分ランダムに割り当て，請求することを禁じて，無言で渡すルールでグループが完成する時間を競う。COD Ⅱ 66 287-295「はなぶさフィギュアーズ」・CHR Ⅲ 7 173-201「ハナブサ・フィギュアーズ」

2人で絵を描く：2人1組で指示しないで無言で1枚,の絵を20分間で完成する。本書実習テキスト「2人で絵を描く」参照

目の不自由な人と看護人：2人1組で目の不自由な人にスープを飲ます看護人の役割を交替に演じる経験から相手の立場に立つことの重要性が理解できる。大利一雄「知的リーダーのためのパーティゲーム」住宅新報社　1978　pp.172-176.

Body Work：下記の無言動作実習を組み合わせたもの　本著実習課題「Body Work」を参照

トラスト・フォール：ペアーで交互に後ろ向きに倒れるのを一方が支える。本書実習課題「Body Work」を参照

トラスト・ウォーク：ペアーで交替して，一方が目の不自由な人になり，片方が所定の場所を誘導して一緒に歩く。本書実習課題「Body Work」を参照

見る，飲む，切る，運ぶ：ものを使わないでイメージで心身を集中させるレッスン。竹内敏晴（1975）pp.33-35.

ガラス拭き：イメージの窓ガラスを手のひらで拭く。竹内敏晴（1975）p.72「鏡を拭く」をリファインしたもの

コップの水飲み（水飲み）：イメージのコップの水を飲む。竹内敏晴（1975）p.33「飲む」をリファインしたもの

ビール注ぎ（ビール・パーティ）：ビール・ビンとコップをイメージして，ペアーでビールを注ぎ合い，全員で盛り上がる。竹内敏晴（1975）p.34「ビールを飲む」をリファインしたもの

ボール投げ：円形でピンポンの球や軟式テニスボールでキャッチボールをして感じをつかみ，次にイメージのボールでやる。竹内敏晴（1975）pp.20-29.

ボール遊び：円形でイメージの風船突きやバレーボールをする。竹内敏晴（1975）pp.28-29.

綱引き：2組に別れて1列に並んでイメージの縄で綱引きをする。竹内敏晴（1975）p.29.

イメージ縄跳び（大縄跳び）：十数人のグループ別に2人で廻す大縄を順に跳び，慣れたらイメージの縄を跳ぶ。竹内敏晴（1975）pp.20-21.

話しかけ・呼びかけ：1人に後から話しかける。不整列の数人に後から呼びかける。自分に言われていると思えば振り返る。竹内敏晴（1975）pp.50-55.　竹内敏晴（1990）pp.24-44.

価値選択と自己覚知

強制自己選択：対立した4つのカテゴリーに分割した4つの単語毎に好みに応じて集まり，集まった者同士で選んだ理由を話し合うことを，カテゴリーごとに繰り返す。COD Ⅰ 15 126-129「選択を迫られての自己発見」

あれか・これか：4種でなく文章表現を含んだ2者択一選択で，強制自己選択と同様繰り返す。COD Ⅱ 60 262-265「あれかこれか」・CHR Ⅶ 5 101-116「あれかこれかの選択」

私がしたい20のことがら：各人が，今やりたいと思っていることを20項目ざら紙に書き連ね，優先順位5位まで選び，順に発表する。COD Ⅱ 63 274-277「私がしたい20のことがら」・CHR Ⅶ 6 117-132「私がしたい20のことがら」

私の旗印：旗印の外枠を印刷した用紙に自分を表現する図柄を描き，メンバーに紹介する。COD Ⅱ 64 278-281「私の旗じるし」・CHR Ⅶ 2 43-57「私の旗じるし」

シンボル・マーク：私の旗印と同様に，用紙にシンボル・マークを描いて皆に説明する。上記「私の旗印」のヴァリエーション

自分を表す絵を描く・Me-Real. me・他人から見た私と本当の私：見られている私と本当の私の2枚の絵を描き，円陣になって順に説明する。畠瀬　稔『身体接触を伴う人間関係促進の一技法』　人間関係研究会資料No1　1972.

印象ゲーム：10名前後のグループに別れ，各自がざら紙にメンバーの名前と受ける印象とを記入する。全員集め，インストラクターがランダムに1枚ずつ読み上げ，読み上げられた者は感想を述べる。COD Ⅰ 4 47-49「名前とファストインプレション」

印象推測：趣味や好み，関心，意見を分類して印刷した用紙に各人が評定し，全員分を集めてランダムに再配布して順番に読み上げ，メンバーのだれかを当てていく。好きな物・事柄と嫌いな物・事柄を5個ずつ書き，同様にする方法もある。CHR Ⅵ 2 45-58「第1印象」

印象評定：性格特性を自己評定し，上記と同様の手続きで当てる。

ジョハリの窓解説：対人関係の中での自己理解の4領域の説明。COD Ⅰ 341-344「心の四つの窓」・CHR Ⅵ-Ⅲ小講議 253-263「心の四つの窓」

他者認知と共通感覚

他己紹介：円陣になり5分間隣同士が自己紹介しあい，順番に相手のことを1分間以内で全員に紹介する。COD Ⅲ 98 293-295「他己紹介」・CHR Ⅷ 11 137-145「他己紹介」・本書実習テキスト「他己紹介」参照

表情識別訓練：プロジェクターで映写した表情写真の感情を当てて，識別能力を向上させる。本書実習テキスト「表情の識別の訓練」を参照

名曲の感情：音楽を聴き，表現されている感情の一致度を確認する。本書実習テキスト「名曲の感情」を参照

背文字：背文字の伝達ゲームを通じてコミュニケーションのあり方を考える。本書実習テキスト「背文字」を参照

詩歌によるイメージ訓練：詩・和歌・俳句を例示して，作者の立場に立ってイメージができるか，三者択一の設問に答えることで確認する。本書実習テキスト「詩歌によるイメージトレーニング」を参照

マイクロ・ラボ：気づきを促進する非言語身体活動の実習。アイス・ブレイキングとしても活用できる。本書実習テキスト「ノンバーバル・コミュニケーション・ゲーム」を参照

課題解決

ミップ・ウォー：グループに別れて，架空の長さの単位についての情報カードをメンバーに配り，口頭で情報交換してA町からB町への距離を求める競争。COD Ⅰ 11 82-89「ミップ・ウォー」

ポーカー・ピヨン虫：設定された架空の生き物の行動原理を配られた情報カードに基づいてメンバーが討議して正解を求める競争。COD Ⅱ 70 317-328「ポーカー・ピヨン虫」

有名人当て：指定した苗字の有名人を制限時間内に何人当てられるかをグループで競う。人格成熟促進ゲーム pp.4-9.「有名人の名前集め」（これは No236 Alphabet Names; Achiving Synergy in Task Groups. In *The 1979 Annual Handbook for Group Facillitators*. を日本版に改定したものである。）

おもしろ村：各人の情報紙を口頭でわかち合い，村の住人を特定する。COD Ⅳ 139 163-175「おもしろ村」

特急路線：数グループに別れ2人対2人が2社の荷物輸送鉄道会社の管理局チームになり，共通に使用できる有利な特急路線を協議して確保しながら輸送料金の利益を競う。「特急路線」人格成熟促進ゲーム pp.18-23.

シャーロック：採用面接のため待たされた社長室の観察結果から社長の人物を推定し，数人ずつのグループに分かれて観察と推理の個人差について話し合う。「シャーロック」人

格成熟促進ゲーム pp.31-41.

集団討議（コンセンサス・ゲームを含む）

NASA：「月で遭難した時にどうするか」という設定で，必要な物品の順位をグループで話し合い，正解との差を競う。COD Ⅰ 23 197-202「NASA」・CHR Ⅴ 9 249-274「NASA」

スリー・テン：特殊な状況下で10人のうち，3人の人物の選択を一致するまで話し合う。COD Ⅰ 25 211-216「スリー・テン——誰が生き残るべきか」

若い女性と水夫：漂流して恋人と別れた若い女性の行動と彼女をめぐる人物の好悪の順位づけをグループで話し合う。COD Ⅰ 26 217-222「若い女性と水夫」

青年の人生目標：課題用紙に示された数カ条の目標をグループで話し合って順位づける。COD Ⅰ 24 203-210「青年の人生目標」

休日の過ごし方：課題用紙に示された意見をグループで話し合って順位づける。COD Ⅰ 24 211-216「休日の過ごし方」

ＥⅠ社：課題用紙に記された情報と各人別に与えられた情報を口頭で交換し，条件に合った人物をグループで決定する。COD Ⅰ 14 110-125「ＥⅠ社」

108便：氷原に不時着した参加メンバーを含む20人のうち，脱出する乗り物の制限から，残留者6名の選択をグループで一致するまで話し合う。COD Ⅱ 71 329-337「108便」・CHR Ⅶ 8 147-173「108便」

危機からの脱出：野外活動で遭遇する10の危機場面の解決策を三者択一で選び，グループで話し合って決定する。個人決定と集団決定の正解との一致度の違いを求め，グループでの話し合いの有効性を知る。COD Ⅲ 75 55-66「危機からの脱出」

砂漠で遭難：砂漠で遭難した一団が救援を待つために必要な物品をグループで話し合って順位づける。COD Ⅲ 76 67-76「砂漠で遭難したときどうするか」

海で遭難した時：大半が火災で消失して漂流するヨットの乗員が救助を待つために，残された物品を必要度からグループで順位づける。「海で遭難したときどうするか」人格成熟促進ゲーム pp.10-17.

12人の怒れる男：ヘンリー・フォンダ主演の標記の映画を途中まで見て，どの陪審員が無罪に意見を変更するかを予測して論議する。COD Ⅰ 22 179-196「12人の怒れる男」・Warner Home Video "12 Angry men"

Murphy's Law：マーフィの法則といわれている格言から20個選んで印刷した用紙をもとにグループで話し合う。Arthur Bloch 著・倉骨　彰訳『マーフィの法則』アスキー出版局　1993.

シナジー・トランプ（グループ・トランプ）：他人を欺き個人の利害を優先させるトランプゲームの弊害を憂い，個人の能力を活用して集団が協力して得点を昇げるルールで競うゲームを開発した。本書実習テキスト「シナジー・ゲーム」を参照

アイス・ブレイキング

名前取り：ジャンケンをして勝てば相手の名前を書いてもらい，制限時間内に何人集められるかを競う。稲垣行一郎「気づきへの誘いvol 1」プレスタイム　1979.

タコタコ・タヌキ：2列に向かい合い2人でジャンケンし，勝てばタコかタヌキかを選び，相手は選ばれなかった役になり，片手同士を差し出して構える。インストラクターが「タタタタ……タコ」あるいは「タタタタ……タヌキ」のどちらかをランダムに叫ぶ。当たれば叩き，一方は素早く手を引く。何回叩けたかを競う。挨拶替わりの軽い身体接触で，著者が「国立青年の家」の合宿で職員から教わった。

立ち聞き・こう見る・見られている：希望者が部屋を出て，メンバーは彼について憶えていることや感想をメモする。彼が戻ってきたらメンバーは順にメモを読み上げ，彼を含めて話し合い，見方の違いやどう他人が見ているか，見られているかに気づく。*"Eavesdropping"* in Remocker & Storch (1982) pp.53-54.

殺し屋：輪になってトランプカードを1枚ずつ配り，人に見せない。ジョーカーが当たった人が殺し屋で，ひそかに目の合った人にウインクする。ウインクされた人は「やられた」と座る。残っている人が殺し屋を当てるまで続ける。*"Murder"* in Remocker & Storch (1982) pp.34-35.

魔法の箱：列の最初の人がイメージの品物をどんなものか判るように手で扱って箱に入れ，次ぎに箱を回す。次の人は前の人が入れた品物を取り出して同じように扱っては入れて，自分の物を追加して入れる。順に回し同じようにし，最後の人は取り出しながら品物の名前を言う。*"Magic box"* in Remocker & Storch (1982) pp.102-103.

ドット：幾つかの点を印刷した用紙を10秒提示してグループで話し合って当てる。COD Ⅲ 105 315-318「ドット」

ピザパイ：1/4が欠けている四角のピザパイを4人に等分するのにどう切れば均等になるかをグループで考える。COD Ⅲ 106 319-321「ピザパイ」・CHR Ⅷ 5 75-85「四角のピザパイ」

星座：星空を印刷した用紙を配り，星を連ないで星座を創造する。COD Ⅲ 110 336-339「星座」・CHR Ⅷ 2 43-51「星座」

絵による伝達：与えられた単語を絵を描くだけで当てて，グループで競う。COD Ⅲ 327-330「絵による伝達競争」・CHR Ⅷ 3 53-63「絵による伝達競争」・本書実習テキスト「絵による伝達リレー・ゲーム」参照

図形伝達（一方通行）：連続した図形を口頭で一方的に伝達し，メンバーがその図形をどれだけ正確に復元できたかを材料にしてコミュニケーションのあり方を考える。COD Ⅰ 17 136-141「一方通行・両面通行のコミュニケーション」・CHR Ⅱ 3 51-69「一方通行・双方通行のコミュニケーション」

Ending Rite：別れの儀式として最後を締めくくる。

全員に印象ラブレター：人数分の紙片を全員に渡し，各人の印象を書いて一斉に手渡して行く。相手の名前だけ書き，自分の名前は書かない。COD Ⅲ 115 354-356「プレゼントカード」

GIFT（各人に贈り物の目録を渡す）：数人のグループに分け，1人が廊下に出て待っている間にメンバーが相談して，その人に相応しい品物を考え，カードに書いて呼んできて手渡す。順に全員に渡るまで行う。人数が少なければ，各人がそれぞれ全員に書いて渡してもよい。上述出典「プレゼントカード」の変形。

言葉の花束：同じ絵柄のカードを人数分用意して全員に配る。集めて配り直すのでだれに届くか分からないが，もらって嬉しいようにあなたが大切にしている言葉を10分以内に書くよう指示する。発信者の名は書かない。集めて配り直し，順番に1人ずつ読み上げ感想とお礼を言う。記念にカードは持ち帰る。上述出典「プレゼントカード」の変形。

略名の出典文献

COD Ⅰ：柳原 光 (1976) 人間のための組織開発 (Creative Organization Development) シリーズ-1 行動科学実践研究会・プレスタイム

COD Ⅱ：柳原　光　（1977）　人間のための組織開発（Creative Organization Development）　シリーズ-2　行動科学実践研究会・プレスタイム

COD Ⅲ：柳原　光　（1982）　人間のための組織開発（Creative Organization Development）　シリーズ-3　行動科学実践研究会・プレスタイム

COD Ⅳ：柳原　光　（1984）　人間のための組織開発（Creative Organization Development）　シリーズ-4　行動科学実践研究会・プレスタイム

CHR Ⅰ～Ⅷ：津村俊充・星野欣生　（1996）　Creative Human Relation　Vol. Ⅰ～Ⅷ　プレスタイム・行動科学実践研究会

人格成熟促進ゲーム：福井康之　（1983）　自己実現のための人格成熟促進ゲーム　愛媛大学公開講座　自己実現のための体験学習講座資料　愛媛大学教育学部教育心理学研究室：Pfeiffer, J. W. & Jones, J. E.編 "Annual Handbook for Group Facilitators." と同じ編者の "A Handbook of Structured Experiences for Human Relations Training." のシリーズから6ゲーム採用して紹介したものが収録されている。

竹内敏晴　（1975）　『劇へ──からだのバイエル』　青雲書房

竹内敏晴　（1990）　「からだ」と「ことば」のレッスン　講談社現代新書　1027　講談社

竹内敏晴レッスン記録　『自分に出会う他者に出会う』　からだ・こころとの対話ビデオカセット　VHS.　創元社健康ビデオシリーズ　定価12000円

Remocker, A. J. & Storch, E. T.　（1982）　*ACTION SPEAKS LOUDER; A Handbook of Nonverbal Group Techniques*. 3rd ed. Longman.

Warner Home Video　12人の怒れる男（12 Angry Men）　United Artist　1957年製作　モノクロ96分　税込み3800円

──────── ゲームを工夫する際に参考にした図書 ────────

1　ブルックス, C. V. W.・伊東博訳　（1986）　センサリー・アウエアネス　誠信書房
2　Fluegelman, A.(Ed.)　（1976）　*The New Games Book: Play Hard Play Fair Nobody Hurt*. Bantam Book
3　Fluegelman, A.(Ed.)　（1981）　*More New Games: Playful Ideas from the New Games Foundation*. Workman Publishing Co.
4　藤本祐次郎　（1984）　グループゲーム　大阪府同和教育研究協議会
5　平沢安政・森実監修　（1996）　わたし・出会い・発見──自分らしさを発見し，豊かな仲間づくりをめざす教材・実践集　誠信書房
6　星野欣生　（2003）　人間関係づくりトレーニング　金子書房
7　Judson, S.(Ed.)　（1984）　*A manual on Nonviolence and Children.; selected cooperative gemes for children & adults*. David S Lake Publishers
8　川瀬正裕・松本真理子編　（1997）　自分さがしの心理学──自己理解ワークブック　ナカニシヤ出版
9　国分康孝監修　（1997）　エンカウンターで学級が変わる（小学校編・中学校編・高等学校編）　図書文化
10　Lewis, H. R & Streitfeld, H. S.　（1972）　*Growth Games*. New Society Publishers
11　巡　静一　（1971）　仲間づくりのための集団づくりゲーム　明治図書
12　Mill, C. R.　（1980）　*Activities for Trainers: 50 useful design*. Impact Publishers
13　Newstrom, J. W. & Scannell, E. E.　（1980）　*Games Trainers play: Experimental learning exercises*. McGraw Hill Book Co.
14　坂野公信・高垣芳郎　（1981）　人間開発の旅《グループワーク・トレーニングの実例と解説》　遊戯社
15　Scannell, E.. E. & Newstrom, J. W.　（1983）　*More Games Trainers play: Experimental learning exercises*. McGraw Hill Book Co.
16　Shushan, R.(Ed.)　（1984）　*Games magazine; big book of games*. A Headlands Press Book
17　Suid, R.(Ed.)　（1982）　*The Incredible Indoor Games Book*. A Headlands Press Book
18　高橋　浩　（1974）　新しい教育訓練ゲーム　日本経営出版会
19　津村俊充・山口真人　（1992）　人間関係トレーニング　ナカニシヤ出版
20　Weinstein, M. & Goodman, J.　（1980）　*Playfair: Everybody's guide to noncompetitive play*. University Associate
21　山本銀次　（1978）　自己開発とソフトユニット　東海大学出版会

あとがき

　心理臨床の世界に関わるようになってから，40年余の日々が経過してしまった。定時制高校で国語を教えながら，大学院で，まだ創成期から日の浅い臨床心理学を学び始め，いつのまにか，教育と臨床の交差する領域の問題を追及するようになってきていた。

　当初は来談者中心療法による個人面接（カウンセリング）を学校の相談業務へ導入していく先導的試行とも位置づけができる学生相談を，金沢大学保健管理センター専任カウンセラーとして7年間実践した。そして，個人面接だけでなく，キャンパス・エンカウンター・グループを率先して大学へ導入した。次いで，愛媛大学教育学部へ転任して，教員養成に臨床的視点からの資質向上を目指すようになった。学校教育と臨床の合流する理念は子どもたちの人格成熟教育である。

　学校臨床の目標は，個人の発達を支援するスクール・カウンセリングは原点ではあるが，さらに学校の教員全員による児童・生徒の人格成熟促進への援助に取り組むことにある。教科の指導だけでなく，臨床的視点からの全人教育に取り組める資質をもった教員を養成することこそ急務である。そこで教員養成のカリキュラムの中に教員の臨床的資質を磨けるプログラムを導入することにした。教育と臨床が共有できる目的に沿った方法は，個人の自己実現の促進である。その方法として大いに効果の期待できるものはエンカウンター・グループへの参加である。しかし，これは教員志望の学生全員に課すには時間や費用の点で実現が困難である。比較的履修しやすい方法として，断続的に授業時間内に実施するしかないと判断し，その方法を工夫した。

　本書はその数々の工夫の知恵を紹介したものである。優れた資質の教員を養成しようと愛媛大学教育学部で試みていた方法を聞きつけ依頼を受け，現職教員の研修会で実施するようになり，附属病院の看護師の研修にも例年実施した。大学公開講座でも紹介し，一般の市民の人にも好評であった。これは対人関係を良好にするので，参加者同士がとても親密な関係を継続するようにもなった。ヒューマン・サービスを仕事にしている人の資質の向上だけでなく，職場の人間関係も良好になるので，他の病院の看護師の研修や看護協会の研修，市の職員の研修，近県の教員研修にまで出張するようになり，対人関係の技能を修得するための研修として，とりあえずSSTという名称で紹介することにした。

　研修や授業を受けた人たちから，楽しく学べ，役に立つ優れたゲームを他の人に紹介したいので，まとめて出版して欲しいという希望が何度も寄せられていたが，やっと要望に応えられたのが喜びである。もう現役を引退する歳になり，40余年の臨床の仕事の中で，振り返ると，本書にまとめた教育臨床のこの一つの分野に多くのエネルギーを捧げてきたのだと，感慨無量である。その成果を本書に活字として記録に残せる機会を提供いただいたナカニシヤ出版に心から感謝の意を表したい。それと同時に，日本人間性心理学会第23回大会で，本書に紹介してあるSSTの効果測定を発表した際に，本書出版の意義を認めて即決いただいた宍倉由高編集長の英断に敬意を表し，そのうえ，校正時に折角のレイアウトを大幅に入れ替え，ページの削除や追加などのわがままをききいれ編集いただいたことに心からお礼申しあげます。また，編集をお手伝いいただいた山本あかねさんにも感謝いたします。

　本書を手にされた方は，この優れた方法を，これを手引きにして実践し，またこの書を多くの人にご推薦いただき，さらに工夫を加えて広めていってくださることを期待しています。

　なお，縁があって小生の授業や研修にご参加いただいた人は，そうだったのかと振り返り，記念に1冊お求め頂ければ幸いに存じます。そのうえ，一緒に参加した方にもこの本が出版されていることをお知らせください。

2007年3月12日
福井　康之

著者紹介

福井康之（ふくい やすゆき）　1934年7月8日　京都府生まれ
元仁愛大学教授　博士（教育学）・日本臨床心理士

1969年 京都大学大学院教育学研究科教育方法学専攻博士課程退学・金沢大学教養部講師・金沢大学保健管理センター専任カウンセラー・愛媛大学教育学部教授・鳴門教育大学教授・兵庫教育大学大学院教授（2000年3月停年退官）・神戸女子大学文学部教授を経て現在に至る。1986年 Los Angeles Gestalt Therapy Institute へ文部省在外研究員として留学。その間，愛媛県臨床心理士会会長，日本人間性心理学会第14回大会委員長，全国学生相談研究会議会長，四国郵政局カウンセラー，徳島県スクールカウンセラー，神戸女子大学文学部付属臨床心理相談室室長，仁愛大学附属心理臨床センター長等を歴任。

主な編著書

「臨床心理学実習（共著）」誠信書房　1973，「グループ・アプローチ（共著）」誠信書房　1977，「臨床心理学ケース研究2（共著）」誠信書房　1979，「人間性の心理学（共著）」サイマル出版　1979，「グループ・アプローチの展開（編著）」誠信書房　1981，「青年期の不安と成長―自己実現への道」有斐閣　1980，「まなざしの心理学」創元社　1984，「人と人とのかかわりの発達心理学（編著）」福村出版　1985，「青年心理学（共著）」ナカニシヤ出版　1987，「学校を楽しくする教師の卵たちのアイデア集（編著）」学事出版　1990，「感情の心理学」川島書店　1990，「臨床心理学体系10巻 適応障害の心理臨床（共著）」金子書房 1992，「臨床心理学3巻 心理療法（共著）」創元社　1992，「カウンセリング・ワークブック（共訳）」創元社　1992，「人間関係が楽しくなる―エンカウンター・グループへの招待」新水社　1997，「鼻と人間関係―鼻の魅力・においの不思議」燃焼社　1998，「パーソンセンタード・アプローチ―21世紀の人間関係を拓く（共著）」ナカニシヤ出版　1999，「生徒指導と心の教育―実践編（共著）」培風館　2001，「青年期の対人恐怖」金剛出版　2007

対人スキルズ・トレーニング
対人関係の技能促進修練ガイドブック

2007年 4月20日　初版第1刷発行
2012年 9月28日　初版第3刷発行

定価はカヴァーに表示してあります

著　者　福井康之
発行者　中西健夫
発行所　株式会社ナカニシヤ出版
　　　〒606-8161 京都市左京区一乗寺木ノ本町15番地
　　　　　　　　　　Telephone　075-723-0111
　　　　　　　　　　Facsimile　075-723-0095
　　　　　　　Website　http://www.nakanishiya.co.jp/
　　　　　　　Email　iihon-ippai@nakanishiya.co.jp
　　　　　　　郵便振替　01030-0-13128

装丁＝白沢　正／印刷・製本＝ファインワークス
Printed in Japan.
Copyright © 2007 by Y. Fukui
ISBN978-4-7795-0157-9

◎本書のコピー，スキャン，デジタル化等の無断複製は著作権法上での例外を除き禁じられています。本書を代行業者等の第三者に依頼してスキャンやデジタル化することは，たとえ個人や家庭内での利用であっても著作権法上認められておりません．